Georg Eckert und Sebastian Meurer
Gesetzgeber als Helden

FIGURATIONEN DES HEROISCHEN
Herausgegeben von Ralf von den Hoff

Band 8

Georg Eckert
Sebastian Meurer

Gesetzgeber als Helden

Figuren der Ermächtigung
zwischen Antike und Moderne

WALLSTEIN VERLAG

Gefördert durch die
Deutsche Forschungsgemeinschaft
Projektnummer 181750155 – SFB 948

Bibliografische Information der Deutschen Nationalbibliothek
Die Deutsche Nationalbibliothek verzeichnet diese Publikation in der Deutschen Nationalbibliografie; detaillierte bibliografische Daten sind im Internet über http://dnb.d-nb.de abrufbar.

Publikation: Wallstein Verlag GmbH, Göttingen 2024
www.wallstein-verlag.de
Vom Verlag gesetzt aus der Stempel Garamond und der Frutiger
Umschlaggestaltung: Wallstein Verlag, Göttingen
Druck und Verarbeitung: Hubert & Co, Göttingen
ISBN (Print) 978-3-8353-5478-4
ISBN (Open Access) 978-3-8353-8056-1
DOI https://doi.org/10.46500/83535478

Inhalt

Helden mit Gesetzeskraft: Zur Einführung 7

1 Gesetzgeber als Helden:
Konturen einer Figuration 16

2 Urbilder: Gesetzgeber für griechische Poleis
und italienische Stadtrepubliken 28

3 Der souveräne Gesetzgeber:
Gottesgnadentum oder Bürgertugend 46

4 Der programmatische Gesetzgeber:
Antike Modelle und radikale Gedankenspiele . . 65

5 Der vernünftige Gesetzgeber:
Verpflichtungen der Aufklärung 84

6 Der vereinnahmte Gesetzgeber:
Autorität im Kollektiv 110

7 Gesetzgeber Wissenschaft?
Mandate für Expertokraten 133

Anmerkungen 157
Abbildungen 175
Nachbemerkung 179
Register 181

Abb. 1: Heroischer als jenen Moses, den Charlton Heston in *Die Zehn Gebote* verkörperte, kann man sich einen Gesetzgeber schwerlich vorstellen. Die Heldengesten des Monumentalfilms aus dem Jahre 1956 persiflierte fünfunddreißig Jahre später Mel Brooks, in dessen *Verrückter Geschichte der Welt* ein schusseliger Moses eine von drei Gesetzestafeln fallen lässt und plötzlich keine fünfzehn Gebote mehr zu verkünden hat.

Helden mit Gesetzeskraft: Zur Einführung

Gesetzgeber sind klassische Heldenfiguren: von der Antike bis in unsere Gegenwart, von kanonischen Texten bis hinein in die moderne Massenkultur. Heroischer als jener Moses, den Charlton Heston in den *Zehn Geboten* mit steinernen Gesetzestafeln mimte, lassen sie sich kaum denken. Präsent sind sie bis hinein in Metaphern, in denen sie gar ein vom Gesetzgeben längst losgelöstes Eigenleben entfaltet haben. Wenn uns etwas drakonisch anmutet, denken wir kaum mehr an den Gesetzgeber Drakon, der am Ende des 7. Jahrhunderts v. Chr. in Athen strenge Satzungen erließ. Andere antike Gesetzgeber taugten in der Neuzeit sehr wohl zur Orientierung. So sahen sich die erst später so genannten Gründerväter der Vereinigten Staaten von Amerika ganz selbstverständlich nach antiken Vorbildern um. Mit idealisierten klassischen Gesetzgebern war Thomas Jefferson, als Leitautor der amerikanischen Unabhängigkeitserklärung selbst mit einschlägigen Meriten versehen, überaus vertraut. Noch einige Jahre nach dem Ende seiner Präsidentschaft wurde er gebeten, für das bald nach ihm benannte County in Alabama eine Satzung zu entwerfen. Jefferson wusste die Anfrage generell zu schätzen, speziell auch die dafür niedergelegten Prinzipien. Doch er lehnte aus grundsätzlichen Erwägungen ab: Alle Völker hätten »their own particular habits[,] ways of thinking, manners etc. which have grown up with their infancy«. Kein auswärtiger Gesetzgeber könne jene Eigenheiten nachempfinden, die ein Volk ausmachten, so argumentierte Jefferson und führte Beispiele an: »the institutions of Lycurgus, for example[,] would not have suited Athens, nor those of Solon Lacedaemon. The organisations of Locke were impracticable for Carolina, and those of Rousseau and Mably for Poland.«[1] Noch indem Jefferson postulierte, man könne Solons und Lykurgs so oft gepriesene Neuordnungen nicht auf andere, noch so vermeintlich ähnliche Staaten übertragen, schrieb er eine jahrhundertelange Rezeptionsgeschichte fort – und wurde selbst ein Teil dieses komplexen Kommunikationsvorgangs. William Jennings Bryan, mehrfacher Präsidentschaftskandidat der Demokratischen Partei in der Progressive Era, eignete sich später das Erbe Jeffersons an. Im (anti-)imperialen Diskurs der Vereinigten Staaten um 1900 stilisierte er seinerseits Jefferson unter Bezug auf eben dieses Zitat zu einem vorbildhaften Gesetzgeber, dessen Exempel nun die von anderen so vehement geforderten gesetzgeberischen Interventionen der Vereinigten Staaten in Mittelamerika gerade untersagte: »this modern lawgiver, this immortal genius, hesitated to suggest laws for a people with whose habits, customs and methods of thought he was unfamiliar.«[2]

Explizit erwähnte Bryan ganz selbstverständlich auch Plutarch, dessen Doppelbiographien besonders den Athener Solon und den Spartaner Lykurg als Gesetzgeber heroisieren; gerade diese Schrift lud seit der Antike zu wechselhaften Bezugnahmen ein. Heutzutage werden Solon und Lykurg nur noch den wenigsten geläufig sein, obwohl sie selbst in unserer Gegenwart prominent sichtbar sind: zum Beispiel im Sitzungssaal des Supreme Court Building in Washington D.C., erbaut in der Mitte der 1930er-Jahre. Auf einem kolossalen Fries tummeln sich dort unterschiedlichste Gesetzgeber wie Thomas Jefferson und William Blackstone, Napoleon und Iustinian, Moses und Konfuzius.[3] Doch mittlerweile dürften die meisten davon ebenso unbekannt sein wie die einst kanonischen Decemviri legibus scribundis – Helden der Gesetzgebung in der römischen Republik, auf deren Wirken noch Augustus rekurrierte, als er Jahrhunderte später in seinem in jeder Hinsicht groß angelegten Rechenschaftsbericht zum

Abb. 2: Gesetzgeber gehören zur Innenausstattung des Supreme Court in Washington D.C., dessen neues Gebäude in den Jahren 1932 bis 1935 errichtet wurde. Im Sitzungssaal des höchsten Gerichtes der Vereinigten Staaten versammeln sich seither Adolph A. Weinmans *Great Lawgivers of History* und wachen oben an den Seitenwänden über die Richter: Auf einem Marmorfries von mehr als zwölf Metern Länge und mehr als zwei Metern Höhe sind unter anderen Moses, Lykurg, Solon, Augustus, Iustinian, William Blackstone und Napoleon zu sehen.

eigenen Ruhm verbreiten ließ: »Durch neue, auf meine Veranlassung hin eingebrachte Gesetze habe ich viele Einrichtungen der Väter, die in unserer Epoche schon zu verschwinden drohten, wieder zum Leben erweckt und selbst in vielen Belangen Beispiele zur Befolgung der Nachwelt überliefert«.[4] Vertrauter muten uns die Mechanismen an, mit denen Jefferson und andere moderne Gestalten bis heute für ihr Wirken als Gesetzgeber gepriesen werden. Versuche, großen Gesetzeswerken eine heroische Aura zu verleihen, finden wir auch in jüngerer Zeit: Hugo Chávez gab der von ihm ausgestalteten Verfassung Venezuelas aus dem Jahre 1999 den appellativen Beinamen »bolivarische«. So leitete er auf sein eigenes Wirken etwas heroischen Abglanz, hatte der Gründungsheld Simón Bolívar doch im frühen 19. Jahrhundert selbst eine Verfassung gestiftet.

So unterschiedlich es im Einzelnen inszeniert wird, ein Pathos des Gesetzgebens wirkt bis in unsere Gegenwart fort. Eine systematische Erforschung der Gesetzgeber-Narrative und ihre Einbettung in Kontexte von Ideen und Interessen steht auch nach diesem Essay noch aus. Er widmet sich vielmehr charakteristischen Versuchen, unter je spezifischen Umständen zu je spezifischen Zwecken und unter Berufung auf je spezifische Vorbilder einzelne Personen oder Kollektive als heroische Gesetzgeber auszugestalten. So erkundet er das je spezifische Pathos, mit dem verschiedene Gruppen und Gesellschaften ihre Gesetzgeber aufgeladen haben. Seine Tiefenbohrungen innerhalb des neuzeitlichen Europa unter Einschluss der Vereinigten Staaten von Amerika sollen ein bislang noch nicht erschlossenes heroisches Terrain sondieren helfen und auf diese Weise für die weitere Auseinandersetzung mit einschlägigen Phänomenen werben. Nachzuzeichnen sind also Heroisierungskonjunkturen, die sich bei einer Annäherung an Gesetzgeber-Ideale zwischen Humanismus und der Gegenwart zeigen: ausgehend von jenem aus der Antike überlieferten Narrativ, das wechselnde Akteure seit der Frühen Neuzeit immer wieder aufgegriffen haben – freilich stets selektiv und so verändert, wie es sich zu ihren jeweiligen Zwecken und Interessen fügte.

Zunächst sind Konturen jener idealisierten Vorstellungen heroischer Gesetzgeber zu skizzieren, die in charakteristischen Varianten immer wieder als Lehrstücke genutzt wurden, sei es für das Ersinnen besonders guter Gesetze oder für deren Implementierung (1). Mehr noch als die Machtübernahme durch die angehenden Gesetzgeber beeindruckte viele Rezipienten deren Machtverzicht. Indem diese heroischen Figuren die mühsam errungene Gestaltungsmacht nach ihrer Gesetzgebungstat freiwillig wieder aufgeben, stellen sie die Geltung der Gesetze über ihre eigene Person, um so deren Dauerhaftigkeit zu sichern. Wie sich gerade humanistische Autoren solche Denkfiguren zurechtlegten und wie sich Argumentationsmuster mit einschlägigen antiken Topoi in der Folgezeit verdichteten, lassen zahlreiche Rück- und Querbezüge frühneuzeitlicher Diskurse erkennen. Auseinandersetzungen mit heroisierten Gesetzgebern wie Solon und Lykurg, aber auch Moses und vielen anderen reichen von Machiavelli bis in die absolutistische Staatslehre hinein. Die Gestaltung der heroischen Figuren war stets eng an den Standort gebunden, die Zeitgenossen deuteten die von ihnen aufgenommenen und modifizierten Erzählungen als Urbilder politischer Organisation (2). Stadtrepubliken legten sich andere Gesetze und Gesetzgeber zurecht als Monarchien, die auf Flächenwirkung zielten – und Thomas Hobbes argumentierte anders als James Harrington. Beide entwarfen souveräne Gesetzgeber, die wenigstens zeitweilig alle Macht in sich vereinigen sollten. Ersterer forderte aber einen Gesetzgeber, der bleibe und dauerhaft regiere, letzterer einen solchen, der nach seiner Gesetzgebungstat freiwillig zurücktrete wie einst musterbildend Lykurg und Solon (3). In dieser Spannweite von Gottesgnadentum bis Bürgertugend deuten sich bereits jene widersprüchlichen Tendenzen an, die im Zeitalter der Aufklärung zu beobachten sind und zu einer programmatischen Verdichtung von Gesetzgebererzählungen führten: bis hin zu radikalen Gedankenspielen, die sich antiker Modelle auf neue Weisen bedienten (4). Einerseits erreichte die Idealisierung heroischer Gesetzgeber im Revolutionszeitalter einen Höhepunkt, andererseits mussten sich Helden der Gesetzgebung vermehrt der Vernunft verpflichten. Statt eines weisen Alten, wie ihn noch Albrecht von Haller in seinen *Alpen* als »lebendes Gesetz, des Volkes Richtschnur« vorstellte,[5] waren zunehmend kundige Rechtstechniker gefragt (5). Zugleich erfuhren Gesetzgebungshelden eine Wendung ins Kollektiv: Im Zeitalter der Nationalstaaten waren sie als Individuen vor allem heroisierbar, indem sie als Verkörperung ihrer jeweiligen Nation begriffen wurden – oder auch des welthistorischen Fortschrittes, auf den sie im selben Moment verpflichtet waren. Aus Symbolfiguren der Bewahrung wurden auf diese Weise solche der Veränderung, aus großen Individuen eher Repräsentanten von Kollektiven, von denen sie vereinnahmt wurden (6). Ausnahmesituationen, in denen selbst in modernen Demokratien auf einmal wieder Raum für heroische Gesetzgeber wie etwa Charles de Gaulle entstand, bestätigen die Regel, dass es solche Helden seit dem Revolutionszeitalter schwer haben. Indem Zeitgenossen an die Wissenschaft als idealen Gesetzgeber appellierten, mandatierten sie eher Expertokraten (7).

Mehr noch als der Typus eines heroischen Gesetzgebers per se veränderte sich über die Epochen hinweg die Voraussetzung solcher Stilisierungen: nämlich die rechtfertigende Grundlage, auf der sich eine besondere Ermächtigung Einzelner oder ganzer Kollektive als Konstitutionshelden ergab. Einen Notstand auszurufen, schuf oftmals Resonanzraum für (vermeintlich) rettende Helden. Als Prälat Ludwig Kaas am 23. März 1933 begründete, weshalb die von ihm geführte Zentrumsfraktion nun Hitlers Ermächtigungsgesetz billigen werde, argumentierte er:

> Die gegenwärtige Stunde kann für uns nicht im Zeichen der Worte stehen. Ihr Gesetz, ihr einziges, ist das der

raschen, bewahrenden, aufbauenden und rettenden Tat. Diese Tat kann nur geboren werden in der Sammlung. In Zerklüftung und Kampf würde sie bereits in ihrem Werden zu zerbrechen drohen.[6]

Ähnlich hatte zehn Jahre zuvor Johannes Bell argumentiert, als er am 8. Oktober 1923 ausführte, warum die Zentrumspartei dem ersten Ermächtigungsgesetz der Weimarer Republik zustimmen werde – das in diesem Krisenjahr tatsächlich nicht zur Abwicklung der Demokratie, sondern vielmehr zur Rettung der Republik[7] aus der Hyperinflation beitragen sollte. Bell verstand die Ermächtigung der Reichsregierung nicht als Aufhebung der Rechte des Reichstags und verband die zeitweilige Verleihung außerordentlicher Kompetenzen mit einer geradezu heroischen Erwartungshaltung gegenüber Kanzler Stresemann, der nun Gesetze unabhängig von der Reichstagsmehrheit machen dürfen sollte:

Herr Reichskanzler, Sie gehen einen schweren Gang. Lassen Sie sich [...] voraussagen, daß auch Ihnen bittere Enttäuschung, schwere Vorwürfe, ja selbst [...] der Vorwurf mangelnder Vaterlandsliebe nicht erspart bleiben wird. Herr Reichskanzler, bleiben Sie hart allen Anfeindungen zum Trotz. [...] Seien Sie überzeugt davon, Herr Reichskanzler, daß wir Ihnen auf Ihrem Kreuzzug durch Dickicht und Dornen vertrauensvoll folgen.[8]

Das antike Narrativ heroischer Gesetzgeber ließ sich hier – sei es schon, sei es noch – ohne namentlichen Appell an vorbildliche Protagonisten abrufen.

Einschlägige Erzählungen legen sich mythisch überhöhte (teils erwiesenermaßen fiktive) Gesetzgebungsakte typischerweise zurecht, indem sie die Gestalt eines tatkräftigen Gesetzgebers in den Mittelpunkt rücken. Offenkundig haben solche Narrative die Funktion, eben diesem Handeln eine besondere, personalisierte Legitimität zu verleihen. Heroisierungen von Gesetzgebern suchen deren transgressives Agieren moralisch einzuholen – ob sie nun eher den Umbruch selbst betonen oder die Stabilität, die das neue Gesetz gestiftet habe. Gebunden sind solche Erzählungen an spezifische Texte, Bilder et cetera, aber auch an spezifische Kontexte. War umfassende Gesetzgebung bis weit in die Frühe Neuzeit hinein tatsächlich noch ein seltenes, insofern per se außergewöhnliches und mit einer heroischen Aura umgebenes Unterfangen, ist das Machen von Gesetzen heute längst zur routinierten, an Verfahren gebundenen Tätigkeit von Parlamenten geworden. So hat die Moderne das taciteische »corruptissima re publica plurimae leges«, wie es in der Nachfolge von Platons *Nomoi* als Maxime legislativer Zurückhaltung gedient hatte, auf den Kopf gestellt. Im Rotteck-Welckerschen *Staats-Lexicon* aus der Mitte des 19. Jahrhunderts war nachzulesen:

> Unsere Zeit ist an umfassenden legislativen Versuchen der verschiedensten Art ganz besonders reich, und ein sehr verbreitetes Verlangen drängt auf dem eingeschlagenen Wege noch weiter zu gehen, ihn […] auf das gesammte deutsche Vaterland auszudehnen, um demselben das große Gut und das feste Band einer gemeinsamen nationalen Gesetzgebung zu erringen.[9]

Diese Erwartung gesetzgeberischer Heldentaten, die sich am Ende im Bürgerlichen Gesetzbuch (in Kraft getreten am 1. Januar 1900) realisierte, belegt eindrücklich sowohl die Persistenz entsprechender Heroisierungen als auch ihren funktionalen Wandel. Beides in charakteristischen Episoden zu fassen, ist Anliegen des vorliegenden Essay.

1 Gesetzgeber als Helden: Konturen einer Figuration

Im bürgerlichen Zeitalter gehörte zum gediegenen Allgemeinwissen, warum Gesetzgeber als Helden zu betrachten seien. Das *Damen Conversations Lexikon* stellte seinen Leserinnen beispielsweise Solon vor als

> eine[n] der 7 Weisen Griechenlands (um 600 v. Chr.) und berühmte[n] Atheniensische[n] Gesetzgeber, unter welchem Athen der Sitz wahrer Humanität wurde; denn seine milden und besonnenen Gesetze waren auf eine Vielseitigkeit basiert, welche diesen Staat vor den übrigen zum Mittelpunkte alles wissenschaftlichen und künstlerischen Verkehrs des damaligen Griechenlands erhob.[10]

Einen anderen prototypischen Gesetzgeber-Helden präsentierte seinerzeit das von Carl Friedrich Brockhaus übernommene *Conversations-Lexicon* als Teil jenes Vokabulars, das man für gebildete Gespräche benötige: nämlich Lykurg,

> ein[en] berühmte[n] Gesetzgeber, der ums Jahr 876 vor Chr. Geb. den durch mannigfache Veränderungen sehr zerrütteten Staat der *Spartaner* von dem Abgrund des Verderbens rettete, und ihm eine ganz neue Verfassung gab, wobei er sich auf lange Zeit in Ansehn und Wohlstand erhielt.

Freilich mischte dieses Nachschlagewerk in seine Heroisierung bereits historistische Kritik an populären aufklärerischen Ambitionen ein, in Lykurg weiterhin ein imitationsfähiges Vorbild erkennen zu wollen:

> So heilsam diese Einrichtungen für das Zeitalter waren, worin *Lykurg* lebte, und so vielen Dank er dafür bei der Nachwelt verdient, daß er halb wilde Barbaren zu Menschen umschuf; so ungereimt ist es dessen ungeachtet, wenn man ihn in neuern Zeiten als einen wahren philosophischen Gesetzgeber hat anpreisen und seine Gesetzgebung zur Nachahmung anempfehlen wollen. Man übersah den großen Unterschied der Zeiten und Menschen. Für die *Spartaner*, welche damahls auf der untersten Stufe der Cultur standen, waren *Lykurgs* Anordnungen zweckmäßig und vortrefflich; sie würden aber ihre Brauchbarkeit völlig verlieren, wenn man sie unter Völkern einführen wollte, die schon auf den höchsten Grad der Verfeinerung und des Luxus gekommen sind.[11]

Dass der Autor sich zu dieser Einschränkung genötigt fühlte, belegt wenigstens zweierlei: einerseits die zeitgenössische Fortschrittsüberzeugung, die unbedingt eine Relativierung antiker Ideale gebot, andererseits die Geläufigkeit einer gerade zur Imitation aufrufenden Heldenerzählung rund um den legendären spartanischen Gesetzgeber Lykurg. Für Autoren des 19. Jahrhunderts stellten Gesetzgeber ganz klassische heroische Figuren einer europäischen Tradition dar. Die Vorlage dafür hatte insbesondere Plutarch in seinen am Anfang des zweiten Jahrhunderts n. Chr. verfassten *Parallelbiographien* geschaffen, in denen gleich mehrere Gesetzgeber vorkommen: darunter auch Solon und Lykurg. Dass besonders Lykurg zu einem geradezu prototypischen heroischen Gesetzgeber geworden (und es selbst in Comics des 20. Jahrhunderts geblieben) ist,[12] legt eine kurze Zusammenfassung der in vielen Varianten immer wieder neu ausgestalteten alten Geschichte nahe.

Ihr zufolge ist Lykurg der zweite Sohn eines nicht benannten Königs von Sparta. Sparta aber befindet sich in einer Krise mit Unruhen, denen Lykurgs Vater sowie sein älterer Bruder zum Opfer fallen. Dessen Witwe bietet ihm an, ihren ungeborenen Sohn abzutreiben und Lykurg dadurch zum König zu machen, wenn er sie dafür heirate. Er lehnt jedoch ab, um seinem Neffen bis zu dessen Mündigkeit getreu als Regent zu dienen. Anschließend verlässt Lykurg das heimatliche Sparta und bereist die antike Welt, um deren Verfassungen zu studieren. Die Spartaner aber, die erneut politische Unordnung erleben, rufen Lykurg zur Hilfe. Legitimiert von der Prophezeiung des Orakels in Delphi, dass er die beste aller Verfassungen errichten werde, kehrt Lykurg zurück, reißt mit wenigen Getreuen in einem Staatsstreich die Herrschaft an sich und kreiert mit einer neuen politischen Ordnung unmittelbar auch eine neue Wirtschaftsordnung: Seine Ackergesetze stellen Gleichheit her, die Abschaffung von Gold und Silber als Zahlungsmittel zügelt die Gier der Spartaner. Lykurg richtet die spartanische Gesellschaft ganz und gar auf das Kollektiv aus, Kinder und Jugendliche werden zur Bescheidenheit angehalten und vor allem in harter Disziplin militärisch ausgebildet.

Lykurgs künftigen Ruhm begründet das von ihm gegebene Gesetz, die Große Rhetra, in der die Macht auf den König, den Rat der Alten und die Volksversammlung aufgeteilt wird. Anfänglich gibt es Widerstände; ein protestierender Spartaner schlägt Lykurg sogar ein Auge aus. Lykurg rächt sich nicht an ihm, sondern nimmt ihn in seine Dienste, sodass er seine Fehler erkennen kann und fortan die neue Ordnung unterstützt. Mit einer Mischung aus Nachsicht und Strenge also erzieht Lykurg die Spartaner zu mündigen Bürgern. Schließlich verkündet er, noch einmal nach Delphi reisen zu wollen, und nimmt vorher allen

Bürgern den Eid ab, bis zu seiner Rückkehr die Gesetze strikt einzuhalten. Als ihm das Orakel in Delphi bestätigt, dass seine Gesetze vorzüglich und ruhmreich seien, hungert sich Lykurg zu Tode und verleiht dadurch dem geleisteten Eid – und somit der Verfassung – ewige Geltung.

In vielerlei Hinsicht ist Plutarchs so wirkungsmächtige Lykurg-Erzählung eine typische Heldengeschichte.[13] Dies gilt nicht zuletzt für ihre Genderdimension. Heroische Gesetzgeberinnen treten erst mit den ›Marktweibern von Versailles‹ auf, die Ludwig XVI. im Oktober des Jahres 1789 zur Senkung der Brotpreise und zur Unterschrift unter die Erklärung der Menschen- und Bürgerrechte brachten, später beispielsweise mit den eher zögerlich heroisierten ›Müttern des Grundgesetzes‹. So handelt die prototypische Lykurg-Geschichte von einer dezidiert männlichen, außerordentlichen Figur, von einem Liebling der Götter mit ausgeprägter Handlungsmacht: »Es gibt keinen Fall, daß ein solcher Gesetzgeber oder sein Werk nicht mindestens die nachträgliche göttliche Gutheißung erhalten hätte«, bemerkte Max Weber einmal und thematisierte so die Legitimationsfunktion einschlägiger Referenzen.[14]

Jedenfalls scheut der heroische Gesetzgeber keine Gefahr und setzt sich gegen alle Widrigkeiten und Widerstände durch. Seine Heldentat bedeutet einen Akt extremer Transgression: Statt die Regeln nur zu missachten, stürzt er die gesetzliche Ordnung gleich gänzlich um und ersetzt sie durch eine neue, die er mit unbedingtem, ewigem Geltungsanspruch versieht. Die Erzählung postuliert besonders die Tugend des Gesetzgebers, zeigt sich Lykurg doch völlig unempfänglich für einen als universal unterstellten Drang nach persönlicher Macht. Stets handelt er nur für das Gemeinwohl, begegnet verblendeten Mitbürgern mit Nachsicht und gibt seine unangefochtene Stellung als Anführer der Spartaner auf dem Höhepunkt seines Erfolgs sogar freiwillig wieder auf. Seine weise, einsichtsvolle Abdankung erscheint als mindestens ebenso große Heldentat wie die scheinbar eigenhändige Einrichtung der Verfassung.

Noch in der Moderne galt Lykurg weithin als reale historische Person, anders als in der jüngeren Forschung, die ihn als eine mythische Figur dekonstruiert hat. Seine so eingängige Geschichte war eine Erfindung bereits der griechischen Nachwelt. Die Erzählung, die auf ihre Weise die Wahrnehmung vieler späterer Gesetzgeber beeinflusst hat, diente zunächst der antiken Polis als Gründungsmythos: in einer Motivik, wie sie auch in vielen weiteren Geschichten antiker Gesetzgeber zu finden ist.[15] Sie verdichtete die langwierige Entstehungsgeschichte Spartas auf das Handeln einer Heldenfigur, der man ein idealisiertes »nomothetisches Gesamtkunstwerk«[16] zuschrieb. Die Gründungsgeschichte, in der sich das Selbstverständnis Spartas ausdrückte, war gegen politische Konflikte in archaischer Zeit gewendet, die wir nur noch als vorgeblich überwundene kennen. Lykurg zu heroisieren, dürfte in klassischer Zeit der Vergemeinschaftung und Schärfung eines spartanischen Selbstbilds gedient haben.[17] Die Geschichte erfand einen verklärten Gründungsakt: besonders bedeutsam für republikanische und demokratische Gemeinwesen, die sich anders als monarchische gerade nicht über ein Herrschergeschlecht definieren konnten.[18]

Auch weit über Sparta und Griechenland hinaus erwies sich eine solche Erzählung als wirksamer Mythos, der den Übergang vom Chaos zur guten Ordnung und die Gesetzesherrschaft als kulturelle Errungenschaft erklärbar machte. Diese und strukturell verwandte Geschichten weiterer Gesetzgeber – allen voran Solon von Athen – wurden als repräsentativ nicht nur für ihre eigenen Poleis, sondern für die ganze griechische Welt der klassischen Antike verstanden. Ihrer bedienten sich Jahrhunderte später auch

Lycurgus als Gesetzgeber.

Abb. 3: *Zur Unterhaltung und Belehrung für alle Stände* (1832) war eine populäre Geschichtsdarstellung gedacht. Sie erzählte die Lykurg-Geschichte auch mit Bildern, darunter diesem, das den Helden bei der Verkündung seiner Gesetze zeigt: inmitten eher widerspenstig gezeichneter Spartiaten, denen er die Richtung weist.

römische Autoren wie etwa der Historiker Livius. Die Erzählung, dass die Decemviri legibus scribundis vor der Erstellung des Zwölftafelgesetzes eine Erkundungsmission ins solonische Athen gemacht hätten,[19] verlieh den Helden dieses Gesetzgebungsaktes eine besondere Legitimität.

Antike Gesetzgeberfiguren sind typischerweise Gründungshelden. Aber nicht alle antiken Gründungshelden sind auch Gesetzgeber. Entsprechende Erzählungen mussten zu den Kontexten passen, in denen sie erzählt wurden. Roms mythischen Stammvater Aeneas stellte Vergil im frühen Prinzipat nicht etwa als Gesetzgeber dar. Der Dichter hatte es vielmehr darauf abgesehen, Kontinuität zu suggerieren und den entzweienden Bürgerkrieg vergessen zu machen. Mythen verschiedener antiker Freiheitshelden und Tyrannenmörder kamen ebenfalls ohne legislativen Gehalt aus: etwa das Attentat auf den Tyrannen Hipparchos als Gründungsakt der Athener Demokratie, in der sich fortan das Volk seine eigenen Gesetze gab. Von lasterhaften Tyrannen unterscheidet die Nomotheten vor allem ihre Tugend, die sich im Verzicht auf Eigennutz und Macht narrativ beweist. Während dieses moralische Kippmoment in neuzeitlichen Erzählungen meist zwischen Heroisierung und Dämonisierung entscheiden sollte, war das antike Verständnis weniger trennscharf: Auch Tyrannen wie Drakon konnten als heroische Gesetzgeber und Heroen gelten.[20]

Freilich handelt es sich um eine spezielle Assoziation, die Gesetzgeber als Helden mit Gerechtigkeit und gerechter Herrschaft verbindet. Das Gesetzgeben zu heroisieren, konturierte Heldenfiguren eben anders als jene ebenfalls klassische Überlieferung, die Idealbilder von Richtern skizzierte. Dabei sind beide Figurentypen wesentlich durch Weisheit gezeichnet: wie etwa der biblische König Salomon mit seiner sprichwörtlichen Gerechtigkeit, die sich im berühmten Urteil mit der angedrohten Zerteilung des Säuglings manifestiert. Das Urteil dient als Mittel zum Zweck der Wahrheitsfindung, jenseits aller Gesetze. Diese Narration einer Urteilsverkündung gab ein Vorbild für die Rechtsprechung ab, nicht hingegen für die Setzung von Recht.[21] Letztere ließ sich unmittelbar wie mittelbar heroisieren: unmittelbar in Gestalt der Gesetzgeber selbst, mittelbar in Gestalt von Akteuren, die das einmal gegebene Gesetz in besonderer Weise bekräftigen. Ruhm fällt in dieser Konstellation zugleich auf den Urheber des Gesetzes wie auf seine würdigen Bewahrer oder Erneuerer. In diesem Sinne repräsentiert strenge Gesetzestreue ein heroisierbares Derivat von Gesetzgebungshelden, wie Charondas von Katane und Lucius Iunius Brutus exemplarisch belegen. Charondas soll versehentlich sein eigenes

Gesetz gebrochen haben, niemals bewaffnet in die Volksversammlung zu treten, und sich nach einem Hinweis darauf selbst den Dolch in die Brust gestoßen haben, weil ihm die unbedingte Achtung des Gesetzes wertvoller gewesen sei als das eigene Leben; Brutus, der legendäre erste Konsul der Römischen Republik, habe die Hinrichtung seiner eigenen Söhne angeordnet, weil sie sich an einer Verschwörung mit dem Ziel der Wiedereinsetzung der Monarchie beteiligt hatten.[22]

Antike Vorstellungen heroischer Gesetzgeber überdauerten auch eine längere Phase der Nichtnutzung. Den spätantiken Kodifikationen wie unter Iustinian folgten am ehesten kirchenrechtliche; aus diversen einzelnen Satzungen erwuchs das päpstliche Corpus Iuris Canonici. Das Mittelalter kultivierte vornehmlich eine göttliche Gesetzgebung. Erst Humanisten wandten sich wieder intensiv antiken Gesetzgebern zu: vor allem in staatstheoretischen Schriften im weitesten Sinne, von der philosophischen Theoriebildung bis hin zur Historiographie. Insbesondere elitäre Diskurse politischer Theoretiker in der Frühen Neuzeit zitierten antike Gesetzgeberfiguren als Vorbilder herbei. Von der in Italien anhebenden Renaissance bis zu den Revolutionen des ausgehenden 18. Jahrhunderts nutzten vor allem republikanische Denker hinlänglich bekannte oder wieder bekannt gemachte Exempel aus den griechischen Poleis oder der Römischen Republik, um anhand von Gesetzgeberfiguren ihre zentralen Themen – politische Freiheitsrechte und Bürgertugend – zu modellieren:[23] in Konzentration auf das bürgerschaftliche Element in Genese wie Geltung von Verfassungen. Eher selten zielten sie auf eine reine Volksherrschaft, sondern weitaus häufiger auf sogenannte ›gemischte Verfassungen‹, die Elemente der klassischen Verfassungstypen Monarchie, Aristokratie und Demokratie kunstvoll miteinander verbinden sollten. Schon innerhalb dieses Paradigmas waren Gesetzgeberfiguren variabel auszudeuten, selbst gemäßigte Monarchen konnten sich im Rahmen von Mischverfassungen als tugendhafte Ordnungsstifter preisen lassen. Unterschiedliche Autoren und Rezipienten mochten die Verfassungsgebung selbst, die Abdankung, Bürgertugend, Nationalpädagogik oder die Bedingungen konstitutioneller Stabilität in den Vordergrund rücken. Ein Verweis auf Lykurg konnte schon genügen, um an die republikanisch geprägte Mischverfassung zu appellieren, ein solcher auf Solon, um eine kultivierte Volksherrschaft zu evozieren, ein solcher auf Moses, um eine – gerade unter Calvinisten gerne republikanisch akzentuierte – Theokratie zu beschwören.

Heroisierungen von Gesetzgebern sind deshalb so aufschlussreich, weil sie sich nur unter Verweis auf die Grundfesten der politisch-sozialen Gemeinschaft betreiben lassen. Die heroisierten Idealfiguren sind immer an ein Kollektiv gebunden, dessen Ideale sie repräsentieren sollen. Mithin vollzieht sich die (Re-)Konstituierung von Heldenfiguren stets in einem Spannungsverhältnis zwischen Personalfiguration und Sozialfiguration, also zwischen der konkreten Heldenfigur mit ihren Eigenschaften, ihrer Lebensgeschichte und ihrem Erscheinungsbild auf der einen Seite und auf der anderen Seite der Gemeinschaft, deren Werte die Figur jeweils verkörpert.[24] Dass sie dieser Gemeinschaft neue Regeln vorgaben, und zwar bessere, versöhnte mit dem vorangegangenen Regelbruch: Die im Freitod kulminierende Lykurg-Erzählung stiftete Stabilität, indem sie »Unantastbarkeit der Gesetzgebung«[25] verbürgte und so den Weg für einen neuerlichen Gesetzgeber versperrte. Wenn dieses Narrativ in der Frühen Neuzeit stattdessen als Muster diente, wie man eine ungeliebte Ordnung überwinden und durch eine neue ersetzen könnte, musste die geliebte neue Ordnung zugleich als moralisch unüberwindliche und ewig gültige ausgegeben werden.

In der Heroisierung von Gesetzgebern erweist sich insofern besonders anschaulich ein genereller Zusammenhang: Die Verehrung eines neuen Helden ist kaum zu denken, ohne dass er sich zu bereits bekannten Heldenfiguren verhielte. Umgekehrt verdanken vermeintlich alte Figuren und Muster ihre Geltung erst ihrer Aktualisierung durch einen neuen Helden. Heroisierungen setzen Vorbilder voraus, Vorbilder aber die Heroisierung, wie man solche Vorgänge der Präfiguration bündig zusammenfassen könnte. Lykurg und Solon waren Medien, um die Verehrung etwa amerikanischer Gründerväter zu betreiben, die Verehrung amerikanischer Gründerväter aber war Medium, um die Heroisierung von Lykurg und Solon fortzusetzen.[26]

Jede weitere Tradierung von Gesetzgeberhelden bedeutete freilich auch Variierung, eine spezifische Anpassung an die jeweiligen diskursiven Umstände und Zwecke. Gesetze der archaischen Zeit waren tatsächlich eng begrenzte Verfahrensregeln und Strafandrohungen, erst im 5. Jahrhundert v. Chr. kursierte die Idee einer umfassenden normativen Grundordnung eines Gemeinwesens. Antike Gesetzgebergeschichten projizierten diese Verfassungsidee auf die archaische Vorgeschichte der Poleis. In der Neuzeit ergab sich eine neue Konstellation, nämlich eine zunehmende Trennung von partikularen Gesetzen und normativen Grundordnungen. Gesetzgebergeschichten wurden dabei zu einer nützlichen Reflexionsfolie für Verfassungswechsel, für die es wenige Präzedenzfälle gab. Das Lehrstück vom Gesetzgeber änderte seinen Charakter ganz prinzipiell in der Moderne, in der Gesetzgebung immer mehr zu einem klar geregelten und langwierigen Verfahren mit dichter Regulierung geriet. Nun kam es vielmehr darauf an, Gesetze dezidiert verfügbar und veränderbar zu machen: vor allem für den demokratischen Souverän, der kraft Mehrheitswillens jederzeit nach Belieben neue Gesetze schaffen können sollte. Diese Vorstellung, dass Änderungen der Gesetzestexte keinen Verrat an den ehrwürdigen Intentionen des Urhebers bedeuteten, sondern vielmehr die Erfüllung der darin liegenden Versprechung, erstreckte sich auch auf die nun aufkommenden geschriebenen Verfassungen als fundamentale Gesetze der jeweiligen Gemeinwesen. George Washington, der sich selbst gerade nicht zu einem Helden der Gesetzgebung stilisieren lassen wollte, formulierte in seiner Abschiedsrede:

> The basis of our political systems is the right of the people to make and to alter their Constitutions of Government. But the Constitution which at any time exists, 'till changed by an explicit and authentic act of the whole People, is sacredly obligatory upon all.[27]

Diese Deutung schien Washington und anderen Zeitgenossen wichtiger als ein katalytischer und emanzipativer Gehalt, der sich etwa der Lykurg-Erzählung hätte entnehmen lassen: nämlich eine Ermächtigung der Vielen über den Umweg einer temporären Ermächtigung eines Einzelnen, auf die wiederum Autoren wie James Harrington in der Englischen Revolution eingegangen waren. Besondere Aufmerksamkeit verdient im Folgenden die frühneuzeitliche Verdichtung von Gesetzgeberhelden, ehe deren Wandel und auch die Auflösung einschlägiger Vorstellungen sichtbar gemacht werden sollen. Ihre Persistenz ist frappierend. So konnte Johann Gottfried Herder am Ende des 18. Jahrhunderts noch einen Dialog verfassen, in dem einer der Gesprächspartner auf die Frage des anderen, wen er »für den größesten Helden« im Altertum halte, ohne jedwedes Zögern antwortet: »Ohne Vergleich, den

Lykurgus; für den größesten Helden und den größesten Gesetzgeber«.[28]

Schon wenige Jahre später wären solche Vergleiche fragwürdig geworden. Die Revolutionen in den neu gegründeten Vereinigten Staaten und in Frankreich etablierten bald das vielfach aufgegriffene Paradigma einer kollektiven Verfassungsgebung durch Nationalversammlungen, zudem verlor sich das Ideal einer legislatorischen tabula rasa in komplexen Rechtssystemen und in der Überzeugung, die etablierten Ordnungen seien wesentliche Indikatoren wie Faktoren des eigenen gesellschaftlichen Fortschritts – aber eben nur, wenn sie regelmäßig überprüft und reformiert würden. Zeitgenossen des 19. Jahrhunderts verehrten weniger die Taten antiker Gesetzgeber als die Moral, die sie darin jeweils vermuteten. In diesem Sinne konstatierte der Philosoph Georg Wilhelm Friedrich Hegel damals ganz nüchtern: »Heutzutage kann es keine Gesetzgeber geben«, weil bei bereits bestehenden Gesetzen ein Pathos der Neuschöpfung verhallen müsse.[29] Gesetzgeber im Sinne der klassischen Erzählungen gab es seither tatsächlich kaum mehr. Dass ihre Heroisierung dennoch weiterhin wichtige, gewandelte Funktionen besaß, diese in den weiteren Kapiteln ausgearbeitete Pointe hätte indes einem Dialektiker gewiss gefallen.

2 Urbilder: Gesetzgeber für griechische Poleis und italienische Stadtrepubliken

In der Antike spielten Gesetzgebergeschichten mitten in das Selbstverständnis der Poleis hinein, die sich als Rechtsgemeinschaften verstanden. Die Rechtsordnungen dieser ›Stadtstaaten‹ entstanden in archaischer Zeit aus vielfältigen, oft bürgerkriegsartigen Konfliktlagen, die sich für spätere Beobachter nur schemenhaft nachvollziehen lassen. In klassischer Zeit verdichteten viele Poleis die Erinnerungen an ihre Genese zu Gründungsgeschichten, in deren Zentrum die heroische Gesetzgebungstat des jeweils beschworenen Gründers stand. Diese heroischen Gesetzgeber dienten als gestalthafter Fokus der jeweiligen Polis, als Personalisierung von konstitutiven Werten und Erinnerungsbeständen; viele Poleis pflegten Grabkulte und verehrten ihre Gesetzgeber als Heroen.[30]

Die erhaltenen Gesetzgebergeschichten ähneln einander paradigmatisch, gerade in ihrer wesentlichen Erzählstruktur. Die Urbilder, die sie zeichnen, beginnen mit der tiefen Krise des Gemeinwesens: dem Fehlen von Gesetzlichkeit überhaupt, der Unterdrückung durch einen grausamen Tyrannen oder der drohenden Selbstzerstörung im Bürgerkrieg. Nun steigt ein Mann auf, der sich in höchster Not des Gemeinwesens annimmt. Der baldige Gesetzgeber erscheint als exzeptionelle Figur. Auf seinen weiten Reisen hat er viele Gemeinwesen und viele große Philosophen kennengelernt, deren Namen seine Befähigung bekräftigen. Lieblinge der Götter sind manche Gesetzgeber zudem, jedenfalls können sie auf deren Hilfe zählen. Ihre Ermächtigung erfolgt entweder durch die verzweifelte Bürgerschaft oder durch einen Staatsstreich, der als moralisch legitim dargestellt wird. Schließlich gelingt es dem Gesetzgeber, die Krise durch das Erlassen einer exzellenten Verfassung zu lösen, die er gegen unmittelbare Angriffe zu verteidigen vermag, und zwar auf Dauer: Der Gesetzgeber sorgt für die permanente, von seiner Person unabhängige Geltung der Gesetze und kann, ja muss die Polis guten Gewissens verlassen. Das Gesetz überdauert den Tod des Gesetzgebers. In der Stabilität der neuen Ordnung beweist sich die besondere Qualität seiner Verfassungsstiftung.[31]

Solche Gesetzgebergeschichten fungierten als identitätsstiftende Gründungsmythen. Sie machten den Übergang aus einer rechtlosen und chaotischen Vorzeit (*anomia*) in eine verrechtlichte soziale Ordnung (*eunomia*) begreifbar. Zugleich spiegeln die Geschichten politische Vorstellungen ihrer jeweiligen Entstehungskontexte wider und thematisieren das Ringen um die Vorherrschaft in überschaubaren Gemeinwesen – zwischen tyrannischer Alleinherrschaft, Selbstbestimmung einer bürgerlichen Oberschicht und der Volksherrschaft einer enger oder weiter gefassten Bürgerschaft: der Herrschaft des Einen, der Wenigen oder der Vielen.

Es gibt durchaus Beispiele monarchischer Gesetzgeberfiguren wie den kretischen Urkönig Minos, der in der griechischen Mythologie als Sohn von Zeus und Europa gilt und durch Anleitung seines göttlichen Vaters zum ersten Gesetzgeber der Menschheit wird.[32] In den meisten Geschichten geht es jedoch um die Etablierung einer im weitesten Sinne freiheitlichen Herrschaft. Der heroische Gesetzgeber erscheint in vielerlei Hinsicht als eine Gegenfigur beziehungsweise Spiegelung des Tyrannen, der aus niederen Motiven die Macht an sich reißt und eine Willkürherrschaft errichtet, für deren Absicherung und Erhaltung er über Leichen geht. Der Gesetzgeber handelt hingegen aus Tugend und Verantwortung. Er stabilisiert oder rettet ein Gemeinwesen, indem er gute Gesetze erlässt und damit eine neue Ordnung stiftet oder die vorhandene

Ordnung reformiert – und bezieht üblicherweise die Bürgerschaft in die Herrschaft ein. Während der Tyrann eifersüchtig über die Erhaltung seiner Macht wacht, gestaltet der Gesetzgeber seinen Rückzug aus der Herrschaftsausübung selbst und stellt in diesem Zuge sicher, dass die neue Gesetzesherrschaft auch ohne seine Person fortbestehen kann. Da er auf dem Weg – fast wie der Tyrann – große oder sogar absolute Macht erlangt, wird der Verzicht als Ausweis exzeptioneller Tugend vorgestellt. Das Handeln des Gesetzgebers ist ganz dem Gemeinwohl gewidmet, er verfolgt keinerlei eigene Interessen.[33] Dass er schon in den griechischen Überlieferungen stets als unparteilich dargestellt wird, hat einen realhistorischen Hintergrund. In innerstädtischen Auseinandersetzungen der archaischen Zeit wurden verschiedentlich so genannte Aisymneten bestellt: gewählte und mit besonderen Kompetenzen ausgestattete Schiedsrichter, die oft aus anderen Städten stammten, jedenfalls keiner der Konfliktparteien angehörten.[34]

In der politischen Philosophie des fünften und vierten Jahrhunderts v. Chr. entstand das Ideal des Nomotheten, des Gesetzgebers, der einer Polis in einem bewussten Akt eine Ordnung setzt. Für Platon konnte die Ordnung einer Polis nur auf Nomoi aufbauen, auf guten Gesetzen. Dabei hatte er aber nicht so sehr partikulare Regeln, sondern eine umfassende ethisch-normative Ordnung im Sinne. Für Aristoteles manifestierte sich eine solche gute Ordnung als Herrschaft der Gesetze, die sich am Gemeinwohl messen lassen musste. Einzelne Regelungen mochten sich ändern, aber die ethisch-politische Grundordnung einer Polis blieb, einmal eingerichtet, dauerhaft bestehen. In einer solchen Konzeption hatte die graduelle Veränderung von Regeln keine Bedeutung. Die Stiftung der Ordnung beschrieb Aristoteles vielmehr als einen einmaligen heroischen Akt, in dem sich ein höheres Verständnis der menschlichen

Natur und der wahren Prinzipien der Gesetzgebung ausdrückte. Nur wenige der Gesetzgeber, von denen sich Zeitgenossen vorwiegend innerhalb ihrer Poleis erzählten, wurden diesem Anspruch gerecht. Viele wurden lediglich mit einzelnen Gesetzen in Verbindung gebracht oder waren nur lokal bekannt. Für Aristoteles qualifizierten sich als Gesetzgeber im engeren Sinne letztlich nur Lykurg, der Erneuerer Spartas, und Solon, dessen Reformen Athen zur vollen Entfaltung gebracht hätten, sowie, weniger eindeutig, Charondas von Katane in Süditalien, den Aristoteles für die Genauigkeit seiner Gesetze lobte. Ganz ausdrücklich grenzte Aristoteles diesen Kreis der Nomotheten von ›bloßen Gesetzgebern‹ ab, zu denen er beispielsweise Drakon zählte, der seine Gesetze nur in eine bestehende Ordnung eingefügt habe. Diese Abgrenzung machte Nomotheten zu schier unerreichbaren Helden, ohne die eine (gute) politische Ordnung kaum entstehen könne.[35]

Der Kreis der Figuren, die in der Folge als Nomotheten tradiert wurden, verengte sich somit, unterschied sich aber auch von Autor zu Autor. Auf die wenigen Nomotheten wurden zunehmend nicht nur die Gesetze ihrer jeweiligen Stiftungen zurückgeführt, sondern auch viele andere (für gut befundene) Ordnungen der griechischen Welt. Die Abgrenzung der Nomotheten von anderen Staatsmännern war dabei zu keinem Zeitpunkt trennscharf. Auch war diese Zuordnung nicht unbedingt entscheidend für die Heroisierung einer Figur. Dies zeigt etwa die verbreitete Heroisierung der Sieben Weisen, denen man Maximen wie »Erkenne Dich selbst« zuschrieb. Neben dem Nomotheten Solon wurden diesem Kanon nämlich Aisymneten oder Reformer wie Pittakos und Chilon sowie mehrere Tyrannen zugerechnet, etwa Periander und Bias.[36]

Ein idealisierter Gesetzgeber jenseits griechischer Erzählungen findet sich in der jüdischen Tradition: Moses, der

Abb. 4: In einer römischen Villa zu Baalbek befand sich ein großes Mosaik, aus dem hier ein Detail zu sehen ist. Es zeigt die Sieben Weisen der griechischen Welt, zu denen auch Solon gehörte: mit der ihm zugeschriebenen Maxime »Nichts im Übermaß« – die sich auch politisch anwenden ließ, hatte Solon doch seine Macht wieder abgegeben.

als Verkünder göttlichen Rechts und als Gründer des biblischen Israel figurierte. Auch Moses wurde als Mittlerfigur dargestellt, die zahlreiche Anfechtungen auszuhalten hat. Die Gesetze, die er verkündet, stammen von Gott, werden aber in menschliche Aushandlungsprozesse integriert. Im Laufe seines Lebens verteidigt Moses die aus göttlichen Geboten hervorgehenden Gesetze immer wieder gegen Angriffe und trifft am Ende seines Lebens noch Vorkehrungen, um die Gesetzesherrschaft über seinen Tod hinaus zu festigen: Er benennt Josua als Nachfolger, lässt die Thora niederschreiben, übergibt sie der Obhut der Priesterschaft und verfügt, dass sie alle sieben Jahre im Zusammenhang mit dem Laubhüttenfest verlesen werden soll. Schließlich verlässt er die Gemeinschaft und stirbt fernab des Heiligen Landes. Die Einrichtung der stabilen Gesetzesordnung bleibt in der Erinnerung mit seinem Tod verbunden. Die Gesetze galten gleichermaßen als Jahwes Gesetze und als die Gesetze des Moses, die Erzählung davon hatte integrale Bedeutung für die jüdische Vergemeinschaftung. Allerdings entstand die Thora nicht als reines Gesetzeswerk, sondern kombinierte Gesetze und Überlieferungen.[37]

Spätestens im Hellenismus fanden antike und biblische Erzählungen zusammen. Die Septuaginta übersetzt das hebräische Thora (Weisung) auf Griechisch mit Nomos (Gesetz), Moses wurde enthistorisiert, zur zentralen Gründerpersönlichkeit und zum generellen Kulturbringer übersteigert. Entscheidend für die spätere Rezeption wurden Autoren des hellenistischen Judentums, vor allem das Werk des in Rom wirkenden Historikers Flavius Josephus, der das biblische Israel mit den Verfassungsentwürfen von Athen, Sparta sowie Kreta verglich. Er reihte Moses explizit in die Ahnengalerie der antiken Gesetzgeber ein, die ihm – wie im Hellenismus typisch – als Kategorie der Völkerbetrachtung dienten. Flavius Josephus betonte allerdings, dass Moses' Gesetzgebungswerk sehr viel älter sei als das von Lykurg oder Solon. Vor allem sei Moses' Leistung einzigartig, weil er eine ganz eigene Verfassungsform geschaffen habe, nämlich die Theokratie. Die oberste Gewalt habe Gott selbst innegehabt, der den Israeliten durch Moses die Thora gegeben habe. Erst als zweite Ebene sei die zentral und hierarchisch organisierte Priesterschaft hinzugekommen, die den Sanhedrin bildete, den Obersten Rat, dessen Herrschaftsgewalt sich gleichermaßen auf weltliche und religiöse Belange bezogen habe. Mit dieser theokratischen Ausdeutung öffnete Flavius Josephus das biblische Israel für verfassungspolitische Lesarten. Das Gesetzgebungswerk blieb für ihn aber exzeptionell, da es auf dem einzigartigen Bund Gottes mit den Israeliten fuße.[38]

Auch Rom vergewisserte sich seiner Ursprünge mit Heldengeschichten. Die römischen Gründungsgeschichten handeln indes kaum von Gesetzen: Die Aeneas-Erzählung führt die Römer auf Troja zurück, mit Romulus und Remus beginnt die Geschichte Roms als Königreich. Der legendäre zweite König Roms, Numa Pompilius, wurde für seine Kalenderreform und für gute Gesetze gerühmt und zuweilen unter die Gesetzgeber gezählt. Die Gesetzgebungstaten, die das römische Selbstverständnis als Rechtsgemeinschaft definierten, rankten sich aber um die Begründung und Behauptung der Römischen Republik im 6. und 5. Jahrhundert v. Chr. – so erschlossen sich Geschichtsschreiber der späten Republik und des frühen Prinzipats wie Titus Livius oder Dionysios von Halikarnassos diese Geschehnisse. Sie eigneten sich lang tradierte mythische Erzählungen an und integrierten sie in ihre großen Historienwerke.[39]

In diesen Geschichtswerken erscheint Lucius Iunius Brutus als der Held, der die Herrschaft der etruskischen Könige bricht und die republikanische Verfassung begründet: Brutus ist ein Neffe des tyrannischen Königs Tarquinius Superbus. Als der König die Thronfolge seiner eigenen Söhne durch politische Morde absichern will, überlebt Brutus nur, indem er sich konsequent dumm stellt und so als ungefährlich erscheint. In einem Spruch, den die Königssöhne fälschlich auf sich selbst beziehen, prophezeit das Orakel von Delphi vielmehr Brutus, dass er einst herrschen werde. Auslöser für das Ende der tarquinischen Herrschaft ist das Schicksal der Lucretia, die Opfer einer Vergewaltigung durch den jüngsten Königssohn Sextus

Tarquinius wird. Lucretia macht diese Untat öffentlich und bezeugt sie mit ihrem Selbstmord. Daraufhin schwört Brutus, Lucretia zu rächen und niemals mehr Könige in Rom zu dulden. Gemeinsam mit Lucretias Witwer Collatinus bringt er durch mehrere große Reden das Volk und die Armee auf seine Seite und vertreibt die Tarquinier. Brutus und Collatinus werden die ersten Konsuln der Römischen Republik. Mit der Erfüllung seines Schwurs gerät Brutus zum Gesetzgeber, der die Verfassung der Römischen Republik begründet und erhält. Mindestens ebenso heroisch wird dann seine Verteidigung der neuen Rechtsordnung beschrieben, denn die junge Republik hat bald ihre erste Nagelprobe zu bestehen, weil eine Gruppe von Verschwörern plant, die Tarquinier wieder einzusetzen. Die Verschwörung wird aber aufgedeckt und Brutus verurteilt die Verschwörer zum Tode, unter ihnen seine eigenen Söhne Titus und Tiberius. In der von ihm eingerichteten Ordnung steht das Recht über Familienbanden.[40] Ähnlich wie Lykurg erhält Brutus durch das Orakel von Delphi eine göttliche Legitimation und führt Rom vom tyrannischen Chaos in eine republikanische Ordnung. Auch die Verurteilung der Söhne verarbeitet ein griechisches Vorbild: die Geschichte von Zaleukos von Lokroi. Ausgerechnet der Sohn dieses Gesetzgebers habe als erster dessen neue Gesetze gebrochen und sei dafür zur Blendung verurteilt worden. Statt sich dem Urteil in den Weg zu stellen, habe Zaleukos sich selbst ein Auge herausstechen lassen und so die halbe Strafe auf sich genommen.[41]

Die zweite konstitutive Gesetzgebungserzählung der römisch-republikanischen Tradition, die Geschichte des Zwölftafelgesetzes, bindet das Römische Recht sogar explizit an die griechischen Nomotheten zurück. Die Geschichtsschreiber berichten von einer Krise der Republik um die Mitte des 5. Jahrhunderts v. Chr.: Die erstarkten

Plebejer fordern Zugang zu den höchsten Ämtern und ein Ackergesetz – mithin die Umverteilung des Landbesitzes zu ihren Gunsten. Auf Druck der Plebejer wird eine dreiköpfige Delegation nach Athen geschickt, um dort die Gesetze des Solon zu studieren. Nach ihrer Rückkehr bilden diese drei zusammen mit sieben weiteren Bürgern ein zehnköpfiges Gremium, das die römischen Gesetze auf ein neues, schriftlich fixiertes Fundament stellen soll. Für diese Aufgabe werden diese Decemviri legibus scribundis umfassend ermächtigt. Für ein Jahr ersetzen sie die Konsuln, sind neben ihrer Gesetzgebungsaufgabe also auch für Regierung und Kriegsführung verantwortlich. Unter der Leitung von Appius Claudius Crassus sammeln und erlassen sie in dieser Zeit Gesetze, die in zehn Bronzetafeln graviert werden.[42]

Auch wenn viele Namen genannt werden, heroisiert die Geschichte die Decemvirn vor allem als Kollektiv, das mit seinen Gesetzen die gesellschaftliche Ordnung rekonstituiert.[43] Hervorgehoben wird nur Appius Claudius Crassus, der im zweiten Teil der Geschichte zum Schurken und Tyrannen gerät, zur verachtenswerten Umkehrfigur des heroischen Gesetzgebers. Denn eine zweite Gruppe von Decemvirn wird eingesetzt, um im folgenden Jahr das Gesetzgebungswerk zu vollenden, wiederum unter der Leitung von Appius Claudius. Während diese neuen Decemvirn zwei weitere Tafeln fertigen, nimmt ihre Regierung tyrannische Züge an. Nach Ablauf des Jahres weigern sie sich, ihre Macht wieder abzugeben. Beim traurigen Höhepunkt der Geschichte steht erneut eine Frauenfigur im Mittelpunkt: Verginia, die Verlobte eines ehemaligen Volkstribuns, ist das Objekt der Begierden des Appius Claudius. Dessen Klient Marcus behauptet, Verginia sei in Wirklichkeit die Tochter einer seiner Sklavinnen und somit sein Eigentum. Appius Claudius tritt als Richter auf und gibt Marcus umgehend recht, woraufhin Verginias Vater seine eigene Tochter tötet, um ihre Freiheit zu bewahren. Der Skandalprozess löst eine Revolte der Plebejer aus. Die Decemvirn werden abgesetzt, die alte Konsulatsverfassung wieder eingeführt. Die fortan öffentlich ausgestellten Zwölftafelgesetze begründen die Kontinuität des schriftlich fixierten Rechts in Rom. Der entehrte Appius Claudius Crassus nimmt sich daraufhin das Leben. Bei seiner Missetat wiegt in der Darstellung der Geschichtsschreiber besonders schwer, dass er aus niederen Beweggründen die Gesetze bricht, die er selbst erlassen hat. Er versagt als Gesetzgeber: Anders als Brutus, Zaleukos oder Charondas stellt er sich über seine eigenen Gesetze. Im Gegensatz zu Lykurg und Solon weigert er sich, die übertragene Macht wieder abzugeben. Mithin macht die Figur des Appius Claudius die inhärente Gefahr deutlich, die von Gesetzgebern ausgeht, wenn es ihnen an heroischer Tugend mangelt. Erst seine Ächtung und sein Tod hegen diese Gefahr ein. In der Schändung der Verginia scheint das Lucretia-Motiv wieder auf. Als Personifikationen der römischen *res publica* wird beiden Figuren Gewalt angetan, dieses Vergehen muss jeweils durch die (Wieder-)Herstellung einer guten Ordnung überwunden werden.[44]

Wie ihre griechischen Vorläufer lassen sich auch die römischen Gesetzgebungsgeschichten komplex ausdeuten und auf verschiedenen Ebenen lesen, sei es als Geschichtsschreibung zu den Anfängen der Römischen Republik, als Ausdruck römischer Identität unter wechselnden Vorzeichen von Republik bis Prinzipat oder als Allegorie von Gesetzlichkeit schlechthin. Die Geschichten hatten bereits eine lange Entwicklung durchlaufen, ehe sie schriftlich niedergelegt wurden, und jede Niederschrift setzte ihre eigenen Akzente. So erzählte Livius die Geschichte seiner Decemvirn als dramatischen Verfassungskampf, während

Dionysios eher die gesetzgeberische Leistung hervorhob. Cicero hatte die rhetorische Heldentat betont: In seiner Lesart bringt allein Brutus' öffentliche Rede die Tarquinier zu Fall. Livius und Dionysios erhoben Brutus hingegen zum Volkstribun, der eine *comitia* (Volksversammlung) einberief, um die Absetzung der Tarquinier institutionell abzusichern. Ob diese Modifikation das augusteische politische Programm spiegeln sollte, indem es eine basale Kontinuität zwischen Königtum und Republik suggerierte, lässt sich heute nicht mehr zweifelsfrei entscheiden.[45]

Unter römischer Herrschaft wurden auch griechische Gesetzgeber weiter tradiert. Ihre Bildnisse lassen sich bis weit in die römische Kaiserzeit nachweisen. Dargestellt wurden sie als bärtige ältere Männer, etwa in Rednerpose stehend als Politiker oder sitzend als Philosophen. Inwiefern diese Porträts griechische Vorbilder nachahmten, lässt sich nicht abschließend klären. Griechische Darstellungen der beiden Gesetzgeber lassen sich zwar seit dem 4. Jahrhundert v. Chr. nachweisen, aus klassischer und hellenistischer Zeit sind aber keine Bildnisse erhalten. Darstellungen aus der Kaiserzeit dürften eher Neuschöpfungen gewesen sein. So oder so handelte es sich um wenig spezifische, fiktive Porträts auf Basis der narrativen Überlieferung.[46]

Auch bei literarischen Aneignungen der Gesetzgebergeschichten in römischer Zeit lässt sich das Verhältnis von Rezeption und Neuschöpfung selten klären. Dies gilt ebenfalls für die Lebensgeschichten, die der griechische Schriftsteller Plutarch im frühen 2. Jahrhundert im östlichen Teil des Römischen Reiches verfasste. Für die weitere Überlieferung vieler Gesetzgebergeschichten wurden Plutarchs Schriften aber zur maßgeblichen Quelle, die gerade die neuzeitliche Rezeption von Lykurg und Solon entscheidend prägen sollten. Plutarch setzte jeweils die Lebensge-

Abb. 5: Die frühesten bildlichen Darstellungen, die sich eindeutig Nomotheten zuordnen lassen, stammen aus römischer Zeit. In Sparta kursierten im 1. Jahrhundert v. Chr. Bronzemünzen mit dem Konterfei Lykurgs. Ein Bezug zu den Lykurg zugeschriebenen Währungsreformen dürfte damit nicht hergestellt worden sein. Münzen dienten vielfach als Medium der Erinnerung und Heroisierung berühmter Persönlichkeiten aus der Vergangenheit.

schichte eines »berühmten Griechen« der eines »berühmten Römers« entgegen und stellte somit eine Verbindung zwischen den ausgewählten Figuren her. Römische Kaiser hatte Plutarch schon früher porträtiert. In den *Parallelbiographien* stammte dagegen der überwiegende Teil der ausgewählten Römer aus der Zeit der Republik, während ihre griechischen Pendants mit Ausnahme weniger hellenistischer Ergänzungen auf die archaische und klassische Zeit zurückgingen. Lykurg stellte er Numa Pompilius zur Seite; Publius Valerius Publicola, der Nachfolger des Brutus, flankierte Solon. Plutarch zeichnete differenzierte Bilder seiner Helden, führte ihr Handeln aber stets auf deren individuelle Tugend zurück. Die nunmehr exemplarischen Lebensbeschreibungen sollten der politischen und vor allem moralischen Bildung von Staatsmännern dienen. Dabei heroisierte Plutarch seine Figuren meisterlich, indem er sie zu Vorbildern erhob und ihre legendäre Taten detailliert ausschmückte.[47]

Nicht in allen Teilen des Reiches wurden Plutarchs Schriften gleichermaßen wahrgenommen. Im westlich-lateinischen Teil des Reiches genoss er im 2. Jahrhundert n.Chr. zwar großes Ansehen, allerdings eher als Autor der *Moralia*. Intensiver und langfristiger wurden die *Parallelbiographien* hingegen im östlich-griechischen Teil des Reiches rezipiert. In Byzanz wurden sie im Mittelalter immer wieder kopiert und aufgegriffen, während in Westeuropa allenfalls noch Plutarchs Name bekannt war, aber keine seiner Schriften mehr kursierte.[48] Hier geriet auch der letzte große Gesetzgebungsheld der Spätantike rasch in Vergessenheit: Kaiser Iustinian, unter dessen Auspizien die gewaltige Kompilationsleistung des Corpus Iuris Civilis stand. Das Mittelalter war freilich keine Zeit für Gesetzgeber. Feudale Herrschaftsbeziehungen kamen ohne Verfassungstexte aus. Das Corpus Iuris Canonici festigte sich zwar im Spätmittelalter, doch angeleitet von einer Kanonistik, die sich dezidiert als theologische Disziplin verstand. Plutarchs Texte sollten die entscheidende Brücke bilden, über die antike Heroisierungen von Gesetzgebern in die Neuzeit gelangen und erneuert werden konnten.

Im frühen 15. Jahrhundert gelangten Plutarchs Werke von Byzanz nach Florenz. Dort griffen italienische Humanisten sie auf und machten sie durch lateinische Übersetzungen zuerst in Italien, bald auch im restlichen Europa populär. Die Bürgerhumanisten[49] in Florenz erblickten in Plutarchs Doppelbiographien eine reiche Fundgrube für politische Ideen, die sie auf Problemlagen ihrer Gegenwart bezogen. Das Ringen der Poleis um gute Verfassungen und die Verteidigung der Freiheit gegen Tyrannei schienen ihnen die erbitterten Auseinandersetzungen in Florenz und weiteren italienischen Stadtrepubliken zu präfigurieren. Zu den frühen Übersetzern zählte etwa Leonardo Bruni. Der langjährige Staatskanzler von Florenz übersetzte zunächst einige der römischen Biographien und übernahm Plutarchs Kompositionsweise in seiner eigenen Doppelbiographie von Dante und Petrarca; Francesco Filelfo übersetzte 1432 die Doppelbiographie von Lykurg und Numa und propagierte das spartanische Beispiel als Schlüssel zur Lösung der politischen Instabilität in Florenz. Als erklärter Feind der Medici musste er bei deren Rückkehr 1434 fliehen, idealisierte aber auch an seinen weiteren Wirkungsorten stets Lykurgs Sparta als bestes Beispiel einer tugendhaften Republik, in der sich die Bürger konsequent dem Gemeinwohl unterwarfen und auf die Ansammlung von Reichtümern verzichteten. Andere florentinische Plutarch-Übersetzungen entstanden gerade im Mäzenatentum der mittlerweile zurückgekehrten Medici. Solche Übersetzungen heroisierten die Medici-Herrscher, indem sie ihre Leistungen mit denen der antiken Vorbilder gleichsetzten.[50]

Ein Jahrhundert nach der ersten Übersetzungswelle war es erneut ein florentinischer Autor, der die Gesetzgeber nicht nur vielfach aufgriff, sondern sie im Rahmen seiner politischen Theorie auch analysierte: Niccolò Machiavelli. Im *Principe* formulierte Machiavelli eine realpolitische Anleitung für die Herrschaft eines Einzelnen, während er sich in seinem zweiten Hauptwerk, den *Discorsi*, systematisch mit Republiken auseinandersetzte.[51] Beide Werke verbindet die Suche nach politischer Stabilität und damit die Verhinderung von Bürgerkriegen, die unfassbares Leid über die Bevölkerung brachten. Machiavelli griff dabei die antike Vorstellung eines Verfassungskreislaufs auf, in dem Monarchie, Aristokratie und Demokratie immer zu ihren Zerrbildern verkommen, ehe sie einander in tumulthaften Umbrüchen ablösen. Vom Studium antiker Verfassungen und ihrer Gesetzgeber versprach er sich Aufschluss darüber, wie sich dieser Verfassungsverfall wenigstens aufhalten ließe. Antiken Quellen entnahm er Beispiele und Überlegungen zu den Themen, die ihn umtrieben: Krieg, Politik und Religion.

Die heroischen Gesetzgeber waren in Machiavellis Analysen allgegenwärtig, als Verkörperungen von Verfassungen und als entscheidende Akteure in Konflikten innerhalb und zwischen unterschiedlichen Gemeinwesen. Machiavelli gehörte zudem zu den ersten politischen Denkern in der Neuzeit, die auch die Bibel mit einem säkularen Blick lasen. Mehrfach reihte er Moses ganz selbstverständlich bei den Gründern und Gesetzgebern ein, nannte ihn in einem Atemzug mit Romulus und Theseus, mit Lykurg und Solon oder mit Aeneas. Ausdrücklich verwahrte er sich gegen die Interpretation, dass Moses bloß als Sprachrohr Gottes gedient habe. Stattdessen rückte er die göttliche Inspiration an die Stelle, die bei den Nomotheten die Bildungsgeschichte einnimmt: Moses habe in Gott einen großen Lehrer gehabt, doch dieser Umstand schmälere seine Handlungsmacht nicht. Machiavellis Moses erscheint als siegreicher Eroberer und Befreier, der gewaltsam Land nimmt, um ein eigenes Reich zu gründen.[52]

Zusammen mit Lykurg und Solon diente Moses bei Machiavelli als Beispiel dafür, dass bei der Gründung einer Republik der Zweck die – gewalttätigen – Mittel rechtfertige,[53] Lucius Iunius Brutus wiederum als Exempel politischer Klugheit. Dessen Geschichte zeige, dass es durchaus hilfreich sein könne, sich dumm zu stellen. Mehr noch lobte er Brutus' Strenge bei der Hinrichtung der eigenen Söhne. Bei einer Umwälzung sei es absolut notwendig, unter den Feinden der neuen Ordnung ein Exempel zu statuieren: »Wer sich zum Alleinherrscher aufwirft und den Brutus nicht tötet, oder wer einen Freistaat gründet und die Söhne des Brutus nicht hinrichtet, wird sich nicht lange halten.«[54] Appius Claudius stellte für Machiavelli hingegen ein Beispiel fehlenden politischen Gespürs dar: Mithilfe der

Gunst des Volkes hätte er sich zum Alleinherrscher aufschwingen können, stattdessen habe er sich unnötigerweise das Volk zum Feind gemacht.[55]

Im *Principe* schwärmte Machiavelli zwar von einem großen Fürsten, einem heldenhaften Herrscher, der das zersplitterte Italien einigen möge.[56] Aber nur Nomotheten wie den antiken Vorbildern traute er zu, dem Verfall der Verfassung entgegenzuwirken:

> Glücklich der Staat, der einen Weisen hervorbringt, der ihm bleibende Gesetze gibt, unter denen er lange Zeit sicher leben kann! Über achthundert Jahre hat Sparta die Gesetze Lykurgs befolgt, ohne sie anzutasten und ohne dass eine gefährliche Umwälzung stattfand.[57]

In einem gut eingerichteten Gemeinwesen seien die Vielen weisere Herrscher als der Eine oder die Wenigen. Doch aufgrund ihrer Vielzahl und Vielfalt neigten sie zur Zersplitterung oder eben zu ständigen Kompromissen, so dass sie unmöglich selbsttätig eine stabile Ordnung einrichten könnten. Dafür brauche es den einen Gesetzgeber, den *uomo virtuoso*, der dank seiner außerordentlichen Tatkraft und politischen Tugend den Übergang gestalten könne:

> Es ist eine allgemeine Regel, daß eine Republik oder ein Königreich niemals oder nur selten von Anfang an gut eingerichtet oder vollkommen neu gestaltet wird, wenn es nicht durch einen einzigen geschieht, der den Plan angibt und aus dessen Geist alle Anordnungen hervorgehen.[58]

Der Gesetzgeber müsse weise und aufrecht, aber auch bereit dazu sein, im entscheidenden Moment skrupellos die Gelegenheit zu ergreifen und wie Lykurg die Herrschaft an sich zu reißen:

> Deshalb muß ein weiser Gesetzgeber einer Republik, der nicht sich, sondern dem Allgemeinwohl, nicht seinen eigenen Nachkommen, sondern dem gemeinsamen Vaterland nützen will, nach der unumschränkten Gewalt streben. Kein vernünftiger Mensch wird ihn wegen einer außerordentlichen Handlung tadeln, die er zur Gründung eines Reiches oder zur Errichtung einer Republik ausführt. Spricht die Tat gegen ihn, so muß der Erfolg ihn entschuldigen [...]. Zur Bekräftigung des oben Gesagten ließen sich zahllose Beispiele anführen, wie Moses, Lykurg, Solon und andere Gründer von Reichen und Republiken, die alle nur deshalb Gesetze zum allgemeinen Besten zu geben vermochten, weil sie sich Gewalt beigelegt hatten.[59]

Machiavelli wies dem heroischen Gesetzgeber eine entscheidende Katalysatorfunktion zu: die Macht zu ergreifen, um die Vielen zu ermächtigen. Dieser Gründungsakt solle in einer Herrschaft der Gesetze fortwirken und sich Verfallstendenzen von Anfang an entgegenstemmen. Für den Erfolg eines solchen Unterfangens musste in Machiavellis Augen einiges zusammenkommen: namentlich die *occasione* als historische Gelegenheit und der *uomo virtuoso* als Gesetzgeber, der diese Gelegenheit ergreift und dadurch zum Helden wird. Der Zweck rechtfertigte dabei die Mittel: Machiavellis Held sollte transgressiv sein und außerhalb der normalen moralischen Ordnung agieren. Er müsse kompromisslos und sogar gewalttätig handeln, aber gleichzeitig brauche er eine schier übermenschliche Tugend, die es ihm erlaube, die erlangte Macht später freiwillig auf die Vielen zu übertragen. So könne eine stabile Republik entstehen, in der die heroische Tugend des Gesetzgebers gleichsam institutionalisiert sei und somit weiterwirken könne.[60] Mit seinen *Discorsi* wurde Machiavelli gewissermaßen zum Begründer des frühneuzeitlichen Republikanismus, der Lehre von geordneten Republiken und Bürgerherrschaften, die auch in der großen Zeit der Monarchien durchaus ihren Platz hatte. In den theoretischen Überlegungen zu frühneuzeitlichen Republiken fanden die antiken Gesetzgebergeschichten einen neuen Resonanzraum.[61]

3 Der souveräne Gesetzgeber: Gottesgnadentum oder Bürgertugend

In der Verfassungspraxis und politischen Kultur des europäischen Mittelalters besaß Rechtssymbolik große Wirkungsmacht. Gesetzgebung, jedenfalls im Sinne einer umfassenden Verfassungsgebung, kam dabei kaum Bedeutung zu. Macht war an Feudalbeziehungen gebunden, die keines komplexen schriftlichen Regelwerks bedurften – und wo eine ›Verfassung‹ bestand, galt sie vornehmlich als Ausdruck einer göttlich gesetzten und statisch gedachten sozialen Ordnung.[62] Darin wachten allein die Herrscher über den Rechtsfrieden und fungierten als Richter, nicht aber als Gesetzgeber. Ohnehin dominierte das Gewohnheitsrecht, das keines Gesetzgebers bedurfte. Herrschaft präsentierte sich nicht in Rechtstexten, sondern im Regierungshandeln und auf dem Richterstuhl. Somit verkörperte und schützte der Herrscher das Recht, aber er brauchte es gar nicht zu erlassen. Über lokale Machtausübung hinausgehende Gesetze wie die Lex Salica, die Magna Carta oder die Goldene Bulle, an die auch Kaiser und Könige gebunden waren, verstanden Zeitgenossen überdies nicht als heldenhafte Neuschöpfungen, sondern als bloße Bekräftigungen etablierter Rechtsgewohnheiten.[63]

Ob zutreffend oder nicht, wirksam war diese Vorstellung. Noch im Übergang zur Neuzeit spiegeln einzelne Gesetzeswerke dieses Rechtsverständnis wider. Im Jahre 1532 verabschiedete der Reichstag in Regensburg ein erstes allgemeines Strafgesetzbuch für das Reich, die *Constitutio Criminalis Carolina – des Keysers Karls des fünfften und des heyligen Römischen Reichs peinlich Gerichts ordnung*. Mit seinem Namen verlieh der Kaiser dem Recht seine Autorität. Eine Heroisierung Karls V. als Gesetzgeber war damit durchaus angedeutet. Doch betonte die Präambel, dass der Kaiser »durch diese gnedige erinnerung Churfürsten Fürsten vnd Stenden, an jren alten wolherbrachten rechtmessigen vnnd billichen gebreuchen nichts benommen haben« wolle. Tatsächlich fungierte die *Carolina* nur als Rahmengesetz, das lokale Gewohnheitsrechte und somit das rechtliche Prestige lokaler Herrschaft gerade nicht überschrieb.[64]

Doch erlebten die mittelalterlichen Ordnungsdiskurse seit dem 15. Jahrhundert eine doppelte Transformation: einerseits durch den Humanismus, der antike Gesetzgeberideale wiederentdeckt hatte, andererseits durch die konfessionelle Spaltung selbst innerhalb des Alten Reiches – die Vorstellung einer universalen, von Gott eingerichteten Gesellschaftsordnung konnte unter diesen Bedingungen kaum noch überzeugen. Beides verstanden Herrscher zu nutzen. Ihr Streben nach territorialer Herrschaftsintensivierung stellten sie gleichsam unter das Vorzeichen einer heroischen Neuordnung instabiler Verhältnisse, und sie untermauerten die Herstellung konfessioneller Homogenität innerhalb der von ihnen beherrschten Gebiete mit dem Anspruch, wahrhaft gottgefällige Gesetze zu erlassen – erst recht in protestantischen Territorien, in denen sämtliche Rechtsordnungen, die sich auf die Kurie bezogen, obsolet geworden waren.

Der Jurist Jean Bodin formulierte einen einschlägigen Grundlagentext für die neuzeitliche politische Philosophie bezeichnenderweise inmitten der französischen Religionskriege. Bodins *Sechs Bücher über den Staat* (1576) etablierten einen Begriff, ohne den die Staatstheorie der Neuzeit nicht zu denken ist: Souveränität, die »absolute und dauernde Gewalt eines Staates«, mithin die »höchste Befehlsgewalt«.[65] Alle Macht im Staat gehe demnach vom Souverän aus, ihm obliege die Entscheidung über Krieg und Frieden, er setze die hohen Beamten ein, er fungiere als letzte richterliche Instanz, und er allein könne Begnadigungen aussprechen. All diese Vorrechte ließen sich für Bodin aus dem Hauptmerkmal des Souveräns ableiten, nämlich der Gesetzgebungsgewalt: der »Machtvollkommenheit, Gesetze für alle und für jeden einzelnen zu erlassen, [...] ohne daß irgendjemand – sei er nun höhergestellt, ebenbürtig oder von niederem Rang – zustimmen müßte.«[66]

Der Souverän selbst stehe über den Gesetzen, außer Gott sei er niemandem Rechenschaft schuldig. Auf diese Weise führte Bodin einen abstrakten Begriff in die politische Theorie ein, der Beschreibung und Analyse von Verfassungen revolutionierte. In einer Monarchie war ein Einzelner Träger der Souveränität, in einer Aristokratie eine Körperschaft der Wenigen und in einer Demokratie das Volk beziehungsweise seine Mehrheit. Gleichzeitig machte Bodin aber deutlich, wie wenig er von Demokratien und Aristokratien hielt. Der Antike konnte er dabei wenig Vorbildhaftes abgewinnen. Die Alten hätten von Politik noch wenig verstanden, die klassischen Nomotheten galten ihm nicht als wahre Gesetzgeber, da sie niemals selbst souverän gewesen seien, sondern lediglich als Bevollmächtigte des souveränen Volks von Athen oder Sparta gehandelt hätten. Bodin setzte lieber auf den männlichen Herrscher als Garanten für Ordnung und Sicherheit. Die Figur des souveränen Fürsten zeichnete er in Analogie zum Familienoberhaupt. Die Untertanen seien dem Fürsten unterstellt und von ihm abhängig wie Kinder von ihrem Vater. Kollektiv zeichnete Bodin die Untertanenschaft (›das Land‹) dagegen als weiblichen Gegenpart: Der Fürst gehe eine Ehe mit dem Volk beziehungsweise dem Reich ein, freilich in der bestimmenden männlichen respektive väterlichen Rolle.[67] Auf diese Weise lieferte Bodin sowohl die Grundlagen für ein absolutistisches Staatsverständnis, das auf eine Ermächtigung des Fürsten zum alleinigen Träger der Souveränität hinauslief, als auch die Bildersprache, um diese Ansprüche metaphorisch geltend zu machen.

Die Adelswelt des 17. Jahrhunderts war von Heroismen durchzogen, dem Selbstverständnis nach wurden ›heroisch‹ und ›adelig‹ oft synonym verwendet.[68] Folgerichtig war auch absolutistische Herrschaftsrepräsentation durch und durch heroisch konturiert. Der absolutistische Herrscher wurde zum Helden stilisiert, er beanspruchte Souveränität – und damit Gesetzgebungsgewalt. Der für die politische Theorie so entscheidende Aspekt der Gesetzgebung stand indes in der absolutistischen Herrschaftsrepräsentation im Hintergrund. Souveräne Herrschaft mochte formal in der Gesetzgebung verankert sein, die Rechtsförmigkeit der Herrschaft war aber selten im Fokus der Darstellung. Gesetzgebung wurde zunehmend zu einem wenig heroischen Alltagsgeschäft, betrieben von gelehrten Räten; ihre Autorität wuchs im Schatten von Sonnenkönigen, die übergreifende Gesetzgebung als Zentralisierung ihrer Staaten betrieben, in denen es für lokale Machthaber immer schwieriger wurde, autonome Macht zu beanspruchen. Um diese Entmachtung zu symbolisieren, eigneten sich andere Inszenierungen indes besser. Die Souveränität des Herrschers erschien häufig in Motiven von Unterwerfung oder Machtfülle. Zur ersten Gruppe gehören viele Darstellungen, die den Herrscher in Gesellschaft der zunehmend verbreiteten weiblichen Staatspersonifikationen zeigen.[69] Für die Darstellung der Machtvollkommenheit sind dagegen die sprichwörtlich gewordenen Darstellungen Ludwigs XIV. als Sonnenkönig ein gutes Beispiel. Mit dem Bild der Sonne beanspruchte der König, das unangetastete Zentrum des Staates zu sein, von dem alle Macht ausgehe.[70]

Recht spielte in der absolutistischen Herrschaftsrepräsentation ebenfalls eine wichtige Rolle. Allerdings zielten einschlägige Darstellungen eher auf Gerechtigkeit als Herrschertugend ab, weniger auf Gesetzgebung. Zeitgenössische Bildprogramme verbanden Allegorien der Gerechtigkeit oftmals mit anderen Kardinaltugenden und heroisierten dadurch den Herrscher[71] – oder sie gesellten dem Herrscher eine einzelne Iustitia oder Astraea als Verkörperung der Gerechtigkeit bei. Auch Heldenfiguren gehörten zum Repertoire der Hofkünstler. Statt Lykurg oder Moses eignete sich aber eher Salomon für einen Verweis auf die herrscherliche Rolle als oberster Richter.[72]

Tatsächlich konnten selbst absolutistische Herrscher ihren absoluten Anspruch allenfalls in Teilen durchsetzen. Sie waren auf die Zusammenarbeit mit Ständeversammlungen angewiesen, die wiederum auf ihre stets als uralt gedachten Rechte und Freiheiten pochten. Quer durch Europa bestanden viele Variationen derartiger Konstellationen, in denen es zu teils lang anhaltenden Auseinandersetzungen kam. In England eskalierten solche Konflikte seit den 1620er-Jahren. König Karl I. übersteigerte noch jene Vorstellungen von Gottesgnadentum, die sein Vater Jakob VI./I. von Schottland und England von eigener Hand ausformuliert hatte. Dass er selbst alleinige Steuererhebungs- und Gesetzgebungsgewalt zu beanspruchen und das Parlament davon auszuschließen versuchte, führte am Ende nicht nur in den Bürgerkrieg, sondern für den König auch auf das Schafott. Der fulminante Streit darum, wer Gesetze geben dürfe, solle oder gar müsse, machte die Auseinandersetzung mit alten Fragen wieder attraktiv, aus denen teils selbst involvierte Autoren neue Antworten abzuleiten suchten. Die Umbruchszeit lud geradezu ein, anhand klassischer Gesetzgeberfiguren politische Argumente zu entwickeln, die sich auf die krisenhafte Gegenwart bezogen, aber auch darüber hinauswiesen.

Oliver Cromwell und seine Anhänger begründeten die Hinrichtung des Königs in erster Linie mit Hochverrat und einem Widerstandsrecht gegen Tyrannen. Entlang dieser Linie argumentierte etwa der Publizist Marchamont Nedham in seinem regelmäßig erscheinenden *Mercurius Politicus.*[73] Nedham verteidigte die Hinrichtung als gerechtfertigten Schritt hin zu einer Republik, deren demokratische Elemente er zunehmend betonte. Jede Herrschaft sah er in der Pflicht, Sicherheit und Besitz der Bürger zu bewahren, denn der Mensch sei seiner Natur nach frei. Vorbilder fand Nedham etwa in der Römischen Republik. Er lobte Lucius Iunius Brutus für die Vertreibung der Tarquinier und auch für die Hinrichtung seiner Söhne. Letztere Entscheidung schrieb er aber weniger Brutus' Tugend als vielmehr dem Freiheitsgeist der Römer zu. Einmal befreit, lasse sich ein Volk keine Ketten mehr anlegen. Tatsächlich unterstellte Nedham seinem Brutus, er hätte die Macht nur zu gerne an sich gerissen; nur die Angst vor dem Volkszorn habe ihn abgehalten. Die Ermordung Caesars durch den jüngeren Brutus (Marcus Iunius Brutus) erklärte er gar als vom Volk ausgehende Rachetat. Überhaupt warnte Nedham davor, einen Einzelnen oder eine Gruppe wie etwa einen Senat vorschnell zu ermächtigen – auch mit Verweis auf Appius Claudius und die Decemvirn. Der einzige Gesetzgeber, den er als epochale Ordnungsgestalt in der tiefsten Krise des Staates ungebrochen heroisierte, war Solon:

> [I]t was the care of Solon, that famous Law-giver, to place both the exercise & interest of Supremacy in the hands of the people [...] he instituted that famous Council called Areopagus, for the managing of State-transactions: but left the power of Legislation, or law-making, in a successive course of the people Assemblies; so that avoiding Kingly Tyranny on the one side, and Senatical incroachments on the other, he is celebrated by all Posterity, as the man that hath left the only Pattern of a Free State fit for the world to follow.[74]

Nedham lobte Solon für sein unbedingtes Eintreten, die Usurpation der Macht durch einen Einzelnen oder die Wenigen zu verhindern: Der Areopag habe als Regierung fungiert, aber zu Recht keine Gesetzgebungsgewalt erhalten. So habe Solon die Grundlagen der athenischen Demokratie und Blüte geschaffen. Wirklich begonnen habe die große Zeit Athens aber erst mit der Überwindung der Peisistratiden, mit dem Tyrannenmord durch Harmodios und Aristogeiton.[75]

Der puritanische Dichter und Politiktheoretiker John Milton entwickelte in mehreren Rechtfertigungsschriften ebenfalls Argumente für die englische Republik. Für Milton war dabei der Rückgriff auf Moses und die hebräische Republik zentral – in einer dezidiert protestantischen Lesart: Bereits Martin Luther hatte einen Unterschied etabliert zwischen dem Neuen und dem Alten Testament als ›Evangelium‹ und als ›Gesetz‹, wie es vor allem Moses verkündet hatte. Der reformierte Theologe und Arzt Thomas Erastus hatte daraufhin hervorgehoben, dass es in der hebräischen Theokratie keinen Unterschied zwischen weltlicher und geistlicher Jurisdiktion gegeben habe, sondern beide Gewalten vom Sanhedrin in Stellvertretung Gottes ausgeübt worden seien. In England griff nun im frühen 17. Jahrhundert der berühmte Hebraist und Naturrechtler John Selden diesen erastianischen Punkt auf, identifizierte den Sanhedrin explizit mit dem englischen Parlament und zog daraus zwei zunächst überraschende Schlussfolgerungen. Erstens beanspruchte er mit Bezug auf die hebräische Theokratie eine parlamentarische Superiorität über religiöse Belange. Zweitens nutzte er das biblische Beispiel, um für religiöse Toleranz zu argumentieren.[76] Der mosaische Sanhedrin habe keine Anstalten gemacht, eine religiöse Orthodoxie durchzusetzen. Zur Spaltung gekommen sei es erst nach einer Degeneration von Moses' Verfassung in der Zeit des Zweiten Tempels.

Nach Seldens Überzeugung zählte somit nicht in erster Linie das individuelle Bekenntnis, sondern vor allem, dass die Gesetze eingehalten würden, die das Zusammenleben im Gemeinwesen beträfen und somit den gesellschaftlichen Frieden garantierten.[77] Auf dieser Basis radikalisierte John Milton die erastianische Auslegung der hebräischen Republik, indem er den politischen Lehren, die sich aus der hebräischen Urrepublik ziehen ließen, als Teil der biblischen Offenbarung besondere Autorität zuschrieb: Wenn Gott selbst den Israeliten durch Moses eine Verfassung in Form einer Republik gegeben hatte, musste daraus nicht folgen, dass die Republik und nicht etwa die Monarchie die einzig legitime Regierungsform darstellte? Radikal zu Ende gedacht, bedeutete dies, dass jedwede Monarchie, die nicht Gott, sondern einen Menschen als König einsetzte, als Idolatrie gelten musste.[78]

Zentrale erastianische Prämissen teilte sogar der heute wohl bekannteste Autor der englischen Bürgerkriegszeit, Thomas Hobbes, so sehr er republikanische Vorstellungen ablehnte. Auch für Hobbes war es selbstverständlich, dass die Souveränität des Staates geistliche genauso wie weltliche Gewalt umfasste. Allerdings zeichnete er ein deutlich anderes Bild von Moses als die republikanischen Erastianer. Für ihn fungierten Moses und die ihm nachfolgenden Hohepriester als uneingeschränkte Alleinherrscher und (nach Gott) alleinige Träger der Souveränität. Hobbes las die theokratische Verfassung somit als Monarchie. Zudem betonte er Moses' eigene Handlungsmacht. Die Thora enthalte Moses' Auslegung der göttlichen Offenbarung, nicht aber direkte Gottesworte, sodass für Hobbes anders als für Milton aus der Heroisierung des Moses keine bindende Autorität für gegenwärtige Verfassungen abzuleiten war.[79] Im Zentrum von Thomas Hobbes' politischer Philosophie stand eine ganz anders gelagerte Personalisierung der gesetzgebenden Gewalt: der Leviathan, dessen kraftvolle Darstellung auf dem Frontispiz des gleichnamigen Werkes zur berühmtesten Figuration der europäischen Verfassungstheorie wurde.

Der Leviathan, der den Namen eines biblischen Seeungeheuers trägt, erscheint als gekrönter männlicher Fürst, das Schwert als Zeichen der weltlichen Macht in der rechten Hand, den Bischofsstab und damit die geistliche Gewalt in der linken. Sein Körper setzt sich aus den Körpern der Untertanen zusammen. Die souveräne Gewalt zwingt die Teile des Staates in einen Leib. Als gigantische Figur entsteigt der Leviathan dem Meer und dominiert das Land vollständig. Ein Zitat aus dem Buch Hiob bekräftigt: »Non est potestas Super Terram quae Comparetur« – »keine Gewalt auf Erden kommt ihm gleich«. Die Figur des Leviathan war dabei keine bloße Illustration, sondern sie drückte den Kern von Hobbes' Staatsverständnis aus:

> For by art is created that great LEVIATHAN called a COMMONWEALTH, or STATE, in Latin CIVITAS, which is but an artificial man; though of greater stature and strength than the natural, for whose protection and defence it was intended; and in which *sovereignty* is an artificial *soul*, as giving life and motion to the whole body;[80]

Hobbes führte das Bild des Staats als eines künstlich erschaffenen Mannes weiter aus. Die Amtsträger seien die Gelenke, die Prinzipien von Belohnung und Strafe die Nerven, die Gesetze seine Vernunft und sein Wille. Dabei ging Hobbes von einem fiktiven Gesellschaftsvertrag aus: Um die Anarchie des Naturzustands zu überwinden, hätten alle Untertanen ihre Freiheit und ihren Willen aufgegeben und so den zentralen Souverän ermächtigt. Ob die abso-

Abb. 6: Das berühmte *Leviathan*-Frontispiz von 1651 bildete Thomas Hobbes' Beschreibung des Staates als eines künstlich erschaffenen Mannes kongenial ab: Zusammengesetzt aus den Körpern der Untertanen, die Symbole der weltlichen und geistlichen Gewalt in den Händen, erscheint er als größte Macht auf Erden.

lute Souveränität durch Erbschaft, durch Eroberung oder andere Mittel praktisch hergestellt werde, hatte für Hobbes kaum systematische Relevanz. Entscheidend war für ihn vielmehr, dass sie durchgesetzt würde. Im Staat gingen nun alle Gesetze vom Souverän aus, seien Ausdruck seines Willens, der die Glieder des Staatskörpers bewege. Auch wenn es für Hobbes grundsätzlich denkbar war, dass eine Institution wie etwa ein Rat die Souveränität innehätte, garantierte aus seiner Sicht ein einzelner derart ermächtigter Fürst die Sicherheit des Gemeinwesens am besten, da ihn weder ungeeignete Gesetze noch mühsame Verfahren einschränkten: Er war ›legibus solutus‹, ihrer Geltung enthoben und in diesem Sinne absoluter Herrscher. Die Darstellung überblendete auf diese Weise den Leviathan und den souveränen Fürsten. Letztlich verkörperte der Fürst den Staat, so wie es bis heute als Schlagwort für den Absolutismus Ludwig XIV. in den Mund gelegt wird: ›L'état, c'est moi‹.

Noch weitaus intensiver mit Gesetzgebern befasste sich allerdings James Harrington, der Machiavellis Ideen aufgriff und in republikanischem Pathos ausdrücklich gegen Hobbes anschrieb. Auch James Harrington suchte nach Stabilität, aber im Gegensatz zu Hobbes glaubte er nicht, dass eine monarchische Herrschaft diese Stabilität bringen würde. Vielmehr befand er, dass allein eine perfekt eingerichtete Republik dem Verfall trotzen und ewig stabil sein könne. Dies konnte allerdings aus Harringtons Sicht nur mit einer perfekten Gründung, vor allem mit einem perfekten Gründungsakt gelingen. Daher widmete er sich prominent der Verfassungsgebung selbst. Im Zentrum seines Entwurfs stand ein heroischer Gesetzgeber, der wie Lykurg eine neue Verfassung einführen und dann abdanken sollte.

Harrington veröffentlichte sein Hauptwerk *The Commonwealth of Oceana* 1656 und eignete es Oliver Cromwell zu, der damals als Lordprotektor auf dem Höhepunkt seiner Macht stand. Die *Oceana* besticht durch ihre eigenwillige Form, derentwegen das Werk oftmals als Utopie verstanden worden ist. Immerhin erzählte Harrington die Geschichte der idealen Inselrepublik Oceana und gab den handelnden Personen Fantasienamen: leicht aufzulösende allerdings, Oceana war unverkennbar England und Olphaus Megaletor (›großherziger Spender des Lichts‹) ebenso unverkennbar Oliver Cromwell, an den Harrington seine *Oceana* richtete. Die quasi-utopische Form erlaubte es Harrington, zunächst Lehren aus der Geschichte zu ziehen, um dann übergangslos die Gründung seiner perfekten Republik darzulegen. Indem er aus der englischen Geschichte politische Gesetzmäßigkeiten ableitete und diese unmittelbar anwandte, suggerierte Harrington, dass die Gründung der perfekten Republik zum Greifen nahe sei: wenn nur Oliver Cromwell davon überzeugt werden könnte, dem Beispiel von Lykurg – und Olphaus Megaletor zu folgen.[81] Harrington schilderte, wie Olphaus Megaletor Machiavellis *Discorsi* liest und dabei auf den entscheidenden Hinweis stößt – nämlich denjenigen auf Lykurg:

> Thrice happy is that people which chances to have a man able to give them such a government at once, as without alteration may secure them of their liberties; seeing it is certain that Lacedaemon, in observing the laws of Lycurgus, continued about eight hundred years without any dangerous tumult or corruption.[82]

Olphaus hat sich bereits einen Namen als erfolgreicher General im Bürgerkrieg gemacht. Nun entschließt er sich zum Handeln. Einerseits beeindruckt ihn der große Ruhm des Lykurg, andererseits sieht er die große Not der Nation, die sich ihm zu Füßen zu werfen scheint – so beschrieb

Harrington Olphaus' Wahrnehmung. Olphaus ergreift seine Chance, ruft die Armee zusammen und versammelt sie durch eine flammende Rede hinter sich. Das Parlament ist schnell aufgelöst, Olphaus lässt sich von der Armee zum Archon küren, dem alleinigen Souverän und obersten Gesetzgeber von Oceana. Daraufhin ernennt er einen fünfzigköpfigen Gesetzgebungsrat, um eine neue Verfassung zu erarbeiten, wobei besonders die ›ancient prudence‹, die politische Weisheit der Antike, handlungsleitend sein soll.

Die Debatten dieses Gesetzgebungsrates strukturieren den umfangreichen Hauptteil der *Oceana.* Diese Rahmung erlaubte es Harrington, seinen Verfassungsentwurf mit Verweis auf einen reichen Fundus antiker, aber auch zeitgenössischer Beispiele und Schriften zu begründen; zugleich konnte er erwartete Einwände thematisieren und entkräften. Als Ergebnis der Beratungen entstehen dreißig Artikel, die letztlich eine geschriebene Verfassung bilden.[83] Harrington schwebten eine besitzständische Republik mit breiter Wählerschaft vor, eine Mischverfassung mit einem Zweikammernparlament aus Volkskammer und Senat sowie ein gewählter Magistrat als Exekutive. Ein wiederum an Lykurg gemahnendes Agrargesetz sollte die Akkumulation von zu viel Eigentum in den Händen Einzelner verhindern, ein ausgeklügeltes Wahlsystem und strenge Ämterrotation den Missbrauch politischer Macht.[84] Anhand von Moses und der hebräischen Republik ließ Harrington den Rat zudem erastianische Grundsätze entwickeln und auf die Verfassung anwenden: zugunsten eines klaren Vorrangs der zivilen Gesetzgebung. Religiös war lediglich ein basales christliches Bekenntnis vorgesehen, Mitglieder abweichender Konfessionen sollten zu allen Ämtern zugelassen werden – mit der bezeichnenden Ausnahme von Katholiken, die ja dem Papst als einem fremden Staatsoberhaupt unbedingte Loyalität schuldeten.[85]

Harrington betonte die Notwendigkeit, die Bürgerschaft einzubinden – im laufenden Beratungsprozess darf sie Vorschläge einbringen und nach Abschluss der Beratungen bleiben ihr drei Monate Zeit, um die vollständige Verfassung zu kommentieren. Am Ende erklärt der Gesetzgebungsrat das Werk für vollendet. Ratifiziert wird es nun vom ganzen Volk (»the whole body of the people«), in allen Stämmen, Hundertschaften und Gemeinden, die auch die ersten Abgeordneten und Amtsträger wählen. Zum Inkrafttreten der Verfassung braucht es indes noch einen entscheidenden Schritt: Olphaus Megaletor muss als Archon abdanken und die Souveränität auf die Republik übertragen, also eine heroische Verzichtsleistung erbringen.

Dieser entscheidende Rechtsakt steht im Zentrum des Abschlusskapitels der *Oceana*. Hier zieht Harrington eine direkte Parallele zu Lykurg. Olphaus Megaletor sei von demselben freudigen Gründerstolz erfüllt worden wie Lykurg, als das Orakel von Delphi dessen Verfassungswerk für gut erklärt habe. An die Stelle der Bestätigung durch das göttliche Orakel tritt die erkennbare Harmonie der Verfassung mit den politischen Naturgesetzen. Der lykurgische Kniff, den Gesetzen mittels Eid und Hungertod ewige Geltung zu verleihen, kam schon aufgrund des christlichen Selbsttötungsverbots nicht infrage. Sterben muss vielmehr der politische Körper des Archon, und dies geschieht durch seine Abdankung.[86] Vor den Augen der verunsicherten Bürger vollzieht Olphaus seinen Machtverzicht und zieht sich auf sein Landgut zurück.

Nun ist es an den Bürgern, ihre Dankbarkeit zu beweisen. Olphaus Megaletor erhält Steuerfreiheit, eine immense Pension und den Ehrentitel »Archon«. Übergangsweise soll er als Repräsentant der Republik nach außen fungieren und für drei Jahre den Oberbefehl über eine stehende Armee führen, um das junge Gemeinwesen gegen innere

Feinde zu verteidigen. Harrington legt einem hohen Regierungsmitglied eine Lobrede in den Mund, in der er Olphaus mit den großen Helden der Antike vergleicht und sie jeweils von ihm übertreffen lässt. Durch die Perfektion des Gesetzgebungswerks stehe der Archon über Solon, Lykurg, Brutus oder Valerius Publicola. Im Gegensatz zu Alexander sei er wirklich groß zu nennen, weil er seine Macht nie missbraucht, sondern seinen Sieg genutzt habe, um Oceana die Freiheit zu schenken.[87] Die überbordende Lobpreisung des Archon war ein Appell an Oliver Cromwell, dem Harrington höchste Ehren, materiellen Überfluss und historischen Ruhm in Aussicht stellte, wenn er nur die Tugend in sich fände, selbst zum Archon zu werden.

Mit diesen Versprechungen ließ Harrington die Sache allerdings nicht auf sich beruhen. Vielmehr bediente er sich zur Bekräftigung einer weiteren antiken Heldengeschichte: der Geschichte des Timoleon, eines weiteren Nomotheten aus Plutarchs *Parallelbiographien*. Timoleon sei ein Freund der Freiheit und des Rechts gewesen und ein Feind der Tyrannei. Als sich sein Bruder Timophanes in Korinth zum Tyrannen aufschwingt, versucht er, diesen zur Vernunft zu bringen. Als das aber misslingt, ermordet er seinen eigenen Bruder. Im Anschluss wird Timoleon erwählt, nach Syrakus zu gehen, um auch die dortige Tyrannis zu beenden. Der einflussreiche Korinther Teleclides macht Timoleon in dieser Situation deutlich, dass er sein späteres Gedenken selbst in der Hand habe: Wenn er auch Syrakus errette, werde er als Befreier geehrt werden, der einen Tyrannen getötet habe. Wenn er sich selbst zur Herrschaft aufschwinge, werde er hingegen ewig als Königsmörder geächtet. Timoleon bricht auf, befreit Syrakus und setzt eine Volksregierung ein. Dann zieht er sich in ein Landhaus zurück, das die Bürger von Syrakus ihm schenken. Dort lebt er hochgeehrt bis ans Ende seiner Tage.

Harrington überließ es nicht dem Leser, die Parallele auszudeuten. Er betonte vielmehr selbst die enge Anbindung an die Geschichte des Olphaus Megaletor – nur sei Olphaus noch höher zu achten, da er nicht nur die Freiheit wiederhergestellt, sondern die freiheitliche Herrschaft überhaupt erst errichtet habe. Mit der Geschichte des Timoleon bekräftigte Harrington seinen Appell an Oliver Cromwell und mahnte obendrein die Konsequenzen fehlenden Handlungswillens an: die Ächtung durch die Nachwelt. Diese Androhung wird in der Wortwahl bei der Wiedergabe der Geschichte des Timoleon sehr deutlich. Plutarchs Teleclides bedrängt Timoleon mit dem Argument, er werde den Ruch des Brudermörders davontragen. Indem Harrington stattdessen von Königsmord sprach, war die Anwendung auf Oliver Cromwell und auf die Hinrichtung Karls I. für jeden Leser ersichtlich.[88] Im Gegensatz zu Oliver Cromwell entspricht Olphaus Megaletor dieser Maxime und erntet den verdienten Ruhm. Die *Oceana* endet mit dem Tod Olphaus Megaletors im fünfzigsten Jahr nach der Gründung der Republik. Die dankbaren Bürger betrauern den Gesetzgeber und errichten einen »Colossus«, eine gigantische Reiterstatue zum ewigen Ruhm des »pater patriae«.[89]

Harringtons Gründungsgeschichte ist ganz an Weisheit und Taten des heroischen Gesetzgebers gebunden, der eigenmächtig die alte Ordnung zerschlägt und eine neue Ordnung einführt. Aber noch mehr zeichnet ihn aus, dass er die absolute Machtfülle aus eigener Einsicht und schier übermenschlicher Tugend wieder abgibt. Er ergreift die Macht ausschließlich, um die Vielen zu ermächtigen. Tatsächlich handelt Olphaus Megaletor nicht allein, alle Artikel der Verfassung werden vom Gesetzgebungsrat erarbeitet. Harrington argumentierte hier aus einem Dilemma heraus, hielt er die Vielen doch für notorisch uneinig und auf ihren persönlichen Vorteil bedacht. Erst wenn ihre divergierenden Interessen durch kluge Gesetze und Verfahren eingehegt würden, könne die Situation zum Vorteil aller gewendet werden: durch einen heroischen Gesetzgeber ex machina. Dieser allein personifizierte Einigkeit und Konsequenz, die Harrington als Voraussetzungen der Einführung solcher Gesetze galten; er allein verkörperte den Widerstand gegen Streit oder faule Kompromisse, die einer Republik als Gründungsmakel ewig anhaften müssten.

So erfüllt Harringtons heldenhafter Gesetzgeber die entscheidende Katalysatorfunktion. Er eröffnet einen Rahmen, der es den Bürgern erlaubt, sich die Gesetze zu geben, mit denen sie sich selbst regieren können. Seine Verfassung ermöglicht einen Interessenausgleich und verhindert Machtballung in den Händen Einzelner, und zwar auf Dauer. Wie bei den antiken Vorbildern bleibt danach allein die potentielle Gefahr durch den Gesetzgeber selbst, die erst durch die Abdankung – den politischen Tod – eingehegt wird. Die kolossale Statue zeigt es an: Olphaus wird in seinem historischen Dienst versteinert. Indem Harrington die Einführung seiner Republik an den realen Machthaber andockte, bestärkte er die Vorstellung ihrer Realisierbarkeit. Beweiskraft kam antiken Vorbildern als Exempel dafür zu, wie man mit politischen Naturgesetzen umgehen könne. Der Modus der Präfiguration erlaubte es Harrington, einen gangbaren Weg zur Einführung seiner Republik aufzuzeigen: um konkret argumentieren zu können, brauchte Harrington gerade die Abstraktion der quasi-utopischen Form und die Anwendung antiker Exempla.

Republikanisch eingestellte Autoren wie Harrington verbanden also Machiavellis machtanalytische Perspektive mit Bodins Souveränitätsdenken, um Beispiele der griechischen Poleis, der Römischen Republik und des biblischen Israel für einen neuzeitlichen Territorialstaat fruchtbar zu machen. Verfassungsgestaltung war zu einer realen Herausforderung geworden. Die antiken Gesetzgebergeschichten dienten dabei nicht nur als theoretische Reflexionsfolie für Verfassungsgebung, sondern auch als ganz praktische Vorbilder. Gerade durch die Imagination von Kontinuität und überzeitlicher Geltung ließen sich derart rekonfigurierte republikanische Vorstellungen weit über den Entstehungskontext hinaus anwenden. Noch die großen Revolutionen in Frankreich und Nordamerika bezogen sich immer wieder auf Schriften klassischer Republikaner wie Harrington, Milton und Nedham: nicht zuletzt dank jener heroischen Gesetzgeberfiguren, die sie für ihre Anliegen vereinnahmten.[90]

Abb. 7: Mit dem Frontispiz seiner *Oceana*-Ausgabe aus dem Jahr 1700 nutzte John Toland Harringtons politische Ideen für eine republikanische Lesart der politischen Situation auf den britischen Inseln. Unter Feldzeichen und Kanonen brachte er dazu Gesetzgeber in Stellung: Lykurg, Solon, Numa Pompilius sowie Moses und Konfuzius auf der Attika, Lucius Iunius Brutus und Wilhelm III. zur Rechten und Linken der personifizierten Freiheit.

4 Der programmatische Gesetzgeber: Antike Modelle und radikale Gedankenspiele

Oliver Cromwell starb zwei Jahre nach dem Erscheinen der *Oceana*, die englische Republik endete wenig später mit der Krönung Karls II. – des Sohnes des hingerichteten Königs. Doch auch diese Restitution bewirkte keine dauerhafte Stabilität. Umso mehr projizierten manche Zeitgenossen ihre Hoffnungen auf eine lang anhaltende neue Ordnung auf die ›Glorreiche Revolution‹ der Jahre 1688/89. Mit der Bill of Rights, der Toleranzakte, dem Triennial Act und dem Act of Settlement erhielt das politische System in den folgenden Jahren tatsächlich eine neue Gestalt, und zwar durch diese Parlamentsbeschlüsse. Nicht von ungefähr gab der streitlustige Freidenker John Toland nun so manches radikalrepublikanische Werk aus den 1650er-Jahren neu heraus. Im Jahr 1700 publizierte er James Harringtons *Oceana* und stellte dem Werk ein programmatisches Frontispiz voran.

Das Frontispiz vermittelt eine republikanische Interpretation der Glorreichen Revolution. Im Zentrum eines Triumphbogens thront eine Libertas, die personifizierte Freiheit. Der Triumphbogen ist mit Medaillen versehen, die einen Kanon von großen Gesetzgeber- und Gründerfiguren bilden – Lykurg, Solon, Numa Pompilius sowie Moses und Konfuzius auf der Attika, darunter Distel, Tudor-Rose und Harfe für Schottland, England und Wales; schließlich, Libertas flankierend, Lucius Iunius Brutus und Wilhelm III., der König der Glorreichen Revolution. Diesen auf gleicher Höhe mit Lucius Iunius Brutus, dem Gründer und ersten Konsul der Römischen Republik, die Freiheit rahmen zu lassen, hieß zu unterstreichen, dass der König Souveränität nur im Verbund mit dem Parlament beanspruchen dürfe. Während die zeitgenössische monarchische Repräsentation eher die Kontinuität des Königtums in den Vordergrund stellte, betonten Republikaner wie Toland die Vorherrschaft des Parlaments in einer neuen, jedenfalls stark veränderten Verfassung.[91]

Mit den meisten im Frontispiz aufgerufenen Gesetzgeberfiguren hatte sich James Harrington in der *Oceana* und anderen Schriften intensiv beschäftigt. Konfuzius war dagegen eine Ergänzung von John Toland, passend zur Sinophilie um 1700. Durch die Jesuitische Mission war China ins zeitgenössische Bewusstsein gerückt. Hatten Jesuiten es eher auf eine theologische Vereinnahmung des Konfuzianismus für das Christentum abgesehen, lasen Toland und andere Frühaufklärer die konfuzianischen Texte als säkulare Staatsphilosophie. Manche sahen in China eine platonische Philosophenherrschaft, eine Monarchie der Vernunft. Konfuzius verkörperte diese Idee, ohne indes eine Gründungsgeschichte in der Art der anderen Gesetzgeber aufzurufen. Als Garant vernunftbasierter Gesetzesherrschaft und staatlicher Religionstoleranz passte er trefflich in Tolands Gesetzgebergalerie; in der parlamentarischen Monarchie nach der Glorreichen Revolution in England konnte er als appellatives Bindeglied zwischen Harringtons idealisierten republikanischen Gesetzgebern und Wilhelm III. dienen. Auf dem Kontinent wurden Konfuzius und die vermeintlichen chinesischen Philosophenkönige dagegen zunehmend zur Untermauerung und Rechtfertigung eines aufgeklärten Absolutismus aufgerufen.[92]

Auf dem Frontispiz seiner *Oceana*-Ausgabe kultivierte John Toland einen Kanon von Gesetzgeberfiguren, dem eine republikanische Interpretation zugrunde lag. Mit der selbstbewussten Darstellungsform des Triumphbogens behauptete das Titelkupfer eine stolze republikanische Repräsentationskultur. Elemente davon finden sich in der Herrschaftsrepräsentation frühneuzeitlicher Republiken, etwa der Vereinigten Niederlande, Venedigs oder der Schweizer

Eidgenossenschaft – ebenso in Reichsstädten. Besonders anschaulich wird diese Inszenierung in vielen Rathausbauten, die vom 15. bis zum 17. Jahrhundert entstanden. Rathäuser wurden zunehmend zu politischen und administrativen Zentren und bedeuteten gleichzeitig Bauakte, die das politische Selbstverständnis von Republiken oder Reichsstädten sichtbar machten: auch in Bildprogrammen, zu deren häufigsten Motiven die personifizierte Freiheit sowie die Verteidigung der Unabhängigkeit gegenüber Tyrannen gehörten. Tendentiell wurde das bürgerschaftliche Kollektiv gegenüber Einzelfiguren aufgewertet, jedenfalls in dem Maße, in dem es zeitgenössische Darstellungskonventionen gestatteten. In großen Teilen folgten die Bildprogramme denselben Mustern wie in Monarchien. Rechtssymbolik verwies meist eher auf Gerechtigkeit und das gute Regiment als auf Gesetzgebung oder Gesetzesherrschaft. Auch Republiken lehnten sich häufiger an Salomon als an Lykurg oder Solon an.[93] Freilich traten häufig weibliche Personifikationen der jeweiligen Republik an die Stelle eines monarchischen Herrschers, zuweilen sogar gekrönte.

Republikanische Gemeinwesen beschränkten sich in ihrer Repräsentation also keineswegs auf Gesetzgeber. Aber wo Gesetzgeber den Zeitgenossen begegneten, handelte es sich fast immer um republikanische Gemeinwesen. Sie bezogen sich in großer Dichte gerade auf die bei Plutarch gepriesenen Staatsmänner: mitsamt jenen Tugendallegorien, mit denen republikanische Gemeinwesen nun Forderungen an gute und gottgefällige Amtsführung anmeldeten. Die Präsenz etwa von Charondas, Zaleukos und Lucius Iunius Brutus in Amtsräumen hatte mahnende Funktion. Sie gebot unbedingte Gesetzestreue und Loyalität gegenüber der Republik, appellierte damit aber immer zugleich an den Gesetzgebungsakt.[94] Häufig vergewisserten sich diese Gemeinwesen ihrer selbst auch, indem sie Moses als vorbildlichen Gesetzgeber inszenierten. Gerade diese Figur eignete sich, um Gesetzlichkeit mit christlicher, jeweils konfessionell aufgeladener Glaubensstärke zu verbinden. So galt Calvinisten in den Vereinigten Niederlanden das von Moses geführte Israel als Präfiguration ihres Befreiungskampfs gegen das katholische Spanien.[95] Für das Amsterdamer Rathaus fertigte Ferdinand Bol um 1660 ein monumentales Gemälde: Moses steigt mit den Gesetzestafeln herab und wird von Aaron und den Israeliten demütig empfangen. Mit der Gesetzgebung befreit Moses die Israeliten von Gottlosigkeit und Chaos.

Ähnliche Motive finden sich in ganz Europa. In Thorn an der Weichsel beispielsweise sind detaillierte Konzeptschriften zur Neuausstattung des Rathauses um 1600 erhalten. Ins Zentrum rückten sie hier eine abstrakte Gesetzgeberfigur, die nach Vorbild des Corpus Iuris Iustiniani mit Schwert und Buch dargestellt werden sollte. Für das weitere Bildprogramm waren – das römische Vorbild aufgreifend – zwölf Tafeln vorgesehen, um für alle Bereiche des guten Regiments politische Maximen aufzustellen; eine Galerie biblischer und antiker Figuren zeigte auch namhafte Gesetzgeber. In der Kleinen Ratsstube des nahe gelegenen Danzig wachte Lykurg unter einem Baldachin sitzend über emsig tätige Schreiber und Kassierer; oberhalb Lykurgs war »Ius« zu lesen, unterhalb »Aequitas«.[96]

Ein besonders aufschlussreiches Beispiel für die Inszenierung von Gesetzgeberfiguren stammt aus dem vermögenden Augsburg: von besonderer Bedeutung als Ort von Reichstagen und als freie Reichsstadt. Die Stadtväter ließen zwischen 1615 und 1624 einen monumentalen Rathausneubau errichten, der zeitgenössischen Palästen kaum nachstand. Das Bildprogramm sollte zugleich die Bindung an den Kaiser wie das stolze republikanische Selbstverständnis einer Reichsstadt demonstrieren. In einem der Fürstenzim-

Abb. 8: Mehr als vier Meter in der Höhe und fast drei Meter in der Breite misst die Darstellung von Moses' Gesetzgebungstat, die Ferdinand Bol 1660-1662 für das neu errichtete Amsterdamer Rathaus gestaltete. Das Bild erinnerte die Mitglieder des städtischen Magistrats an ihre legislative Verantwortung. Ein Marmorfries unterhalb des Bildes mit dem Tanz um das Goldene Kalb warnte zugleich vor den Schrecken einer Priesterherrschaft.

mer, die als Aufenthaltsräume für hochrangige, eben gerade fürstliche Besucher gedacht waren, positionierte sich Augsburg als Aristokratie, in der Auslegung einer Herrschaft der Besten. Die Darstellung der Monarchie wiederum huldigte dem Kaiser und betonte zugleich den reichsunmittelbaren Status der Stadt. Nur die Demokratie, die Herrschaft der Vielen, erschien dezidiert als ein Übel. Das Bildprogramm in den repräsentativen Räumlichkeiten war darauf ausgelegt, die monarchischen und republikanisch-aristokratischen Elemente auszutarieren. Im Zentrum der städtischen Herrschaftsausübung, der Ratsstube, umgaben gravitätische Gesetzgeberfiguren die Augsburger Ratsherren und ihre Gäste: Zwischen mahnenden Darstellungen des Jüngsten Gerichts und des Todes der Jesebel dominierten hier Halbfigurenbilder von Solon, Numa, Lykurg, Minos, Moses und Christus.[97]

Repräsentative Bildprogramme des 17. Jahrhunderts folgten spezifischen Konventionen eines elitären Expertendiskurses. Gleichzeitig verstand und nutzte ein größeres Publikum die omnipräsenten Verweise auf antike Gesetzgebergeschichten. Quer durch Europa bezogen sich Akteure auf die griechisch-römische Antike, um die eigenen Anliegen öffentlichkeitswirksam zu platzieren: und sei es, indem man sich von der Antike distanzierte wie die Protagonisten der Querelle des Anciens et des Modernes im Frankreich des Sonnenkönigs. Die *modernes*, die mit der antiken Tradition demonstrativ zu brechen suchten und bald den Fortschritt betonten, fanden sich zunächst auf der Seite eines absolutistischen Königtums; Anhänger klassischer republikanischer Ideen zählten sich hingegen eher zu den *anciens*, die ihre modellbildenden Ideale in der Antike verorteten.[98] In einer vertieften Auseinandersetzung mit dem antiken Griechenland erwies sich die Gegenüberstellung von Athen und Sparta als diskursiver Mechanismus,

Abb. 9: Salomon Kleiners 1732 entstandener Kupferstich vermittelt ein Gefühl für die Raumwirkung des Bildprogramms in der Augsburger Ratsstube, in der seit 1626 Solon, Numa, Lykurg, Minos, Moses und Christus über die Arbeit der Ratsherren wachten. In der Auswahl der Gesetzgeber zeigt sich die Positionierung der freien Reichsstadt Augsburg zwischen Kaisertreue und stadtrepublikanischem Selbstverständnis.

um zwei unterschiedliche, in den Augen mancher Autoren sogar diametral entgegengesetzte Gesellschaftsentwürfe zu propagieren. In populären Geschichtsdarstellungen wie der *Histoire Ancienne* (1729-1738) des Pariser Gräzisten Charles Rollin oder der *Grecian History* des britischen Regierungsbeamten Temple Stanyan (1739)[99] wurden Lykurg und Solon programmatisch genutzt, um gegensätzliche Prinzipien zu verkörpern und in der Darstellung zu verdichten: Sparta stand hier für Bürgertugend, Athen für Dekadenz. Die spartanische Mischverfassung diente den Autoren als Exempel, wie man Gleichheit unter den Bürgern herzustellen vermöge, ohne dabei in eine Oligarchie der Reichen oder aber eine anarchische Herrschaft des Pöbels abzurutschen. Athen erschien im Gegensatz dazu als instabiler, zügelloser Stadtstaat von Bürgern, deren Streben nach persönlichem Reichtum zu schnellen Wechseln von allesamt negativ konnotierten Formen der Demokratie und Tyrannis geführt habe.[100]

Die Frage, welche Bedeutung antiken Vorbildern für die Gegenwart zugesprochen werden konnte, stellte sich spätestens seit dem einflussreichen staatstheoretischen Werk von Charles de Montesquieu noch einmal neu. Sein *L'Esprit des Lois* (1748) deutete Verfassungsordnungen als Ausdruck kultureller, historischer, aber auch klimatischer Besonderheiten der jeweiligen Nationen. In einer solchen kulturrelativistischen Lesart war für die nomothetische Intervention eines genialen Gesetzgebers ex machina wenig Spielraum. Gesetze ließen sich sehr wohl optimieren, aber eben eher durch vorsichtige Modifikation als durch radikalen Umbruch: »Der Geist des Gesetzgebers muß der Geist der Mäßigung sein. Der politische Wert liegt, wie der moralische Wert, immer zwischen zwei Extremen«.[101] Verfassungen anderer Zeiten und Länder ließen sich unter dieser Maßgabe nicht unmittelbar übertragen, gleichwohl konnte man aus ihnen lernen. Gerade antike Beispiele dienten Montesquieu als Anschauungsmaterial zur Entwicklung einer systematischen Verfassungstheorie. Anhand von Sparta und Athen unterschied er die Typen einer kriegerischen Republik und einer Handelsstadt. Weil Republiken in seinen Augen so stark von der politischen Tugend ihrer Bürger abhingen, sah er im zeitgenössisch vieldiskutierten Luxusproblem und der ungleichen Besitzverteilung die größte Gefahr für die Stabilität von Republiken: indem Bürger das Gemeinwohl aus den Augen verlören, sobald sie selbst Reichtum erlangten. Umgekehrt lobte Montesquieu Lykurg für seine Ackergesetze, mit denen er Landbesitz gleichmäßig verteilt habe, aber auch Solon für die Entschuldung der Bürger. Das Athener Beispiel sollte hier insbesondere anschaulich machen, dass sich die direkte

Demokratie bereits in überschaubaren Stadtstaaten schwer umsetzen lasse; eine Anwendung auf Flächenstaaten schien Montesquieu ohnehin undenkbar.[102]

Autoren des 18. Jahrhunderts interessierten sich mindestens ebenso für Wirtschaftsformen, Bildungsideale und Kunst antiker Gemeinwesen wie für antike Verfassungen. Oftmals reichte ein kurzer Verweis auf die bekannten Gesetzgeber, um Modelle aufzurufen, für die Sparta und Athen jeweils Pate standen. Ein Appell an Lykurg konnte etwa eine auf Bürgertugend basierende politische Kultur evozieren, in der bescheidene Bürger das Gemeinwohl über ihr Eigeninteresse stellten. Diese besondere Tugend führten viele Autoren wiederum auf die Wirksamkeit einer nationalen Pädagogik zurück; Lykurgs rigide Acker- und Währungsgesetze erschienen zuweilen als radikaler Gegenentwurf zur vermeintlich kommerzialisierten und daher korrupten Gegenwartsgesellschaft, für die Solons Athen ein Modell bot.[103]

Doch bei dieser Dichotomie blieb es keineswegs. Johann Joachim Winckelmann etwa pries Athen, wo die Überwindung der Tyrannen und der Aufstieg der Demokratie die große Zeit eingeläutet hätten, in der sich die Künste unter dem Schutz der Gesetze frei entfalten konnten. Winckelmanns Interesse galt den Künsten, doch legte seine Darstellung eben nahe, dass politische Freiheit die notwendige Voraussetzung für kulturelle Blüte sei; diese hochpolitische These wurde weit über Deutschland hinaus rezipiert.[104] Die Athener Bürgerschaft bot auch in Frankreich und Großbritannien für nichtaristokratische Kreise ein attraktives Ideal. Sie gefielen sich in der Verfeinerung der Sitten im Sinne eines urbanen, nicht mehr höfisch geprägten Höflichkeitsideals, für das der Dichter und Gesetzgeber Solon Pate stand. Urbane Eliten in Frankreich und Großbritannien konnten sich mit dem Beispiel der Athener Bürgerschaft zu den eigentlichen Trägern von wirtschaftlichem Erfolg und kultureller Blüte stilisieren.[105]

In Frankreich hatte Athen zwar Bewunderer, Begeisterung für Sparta war hier aber ungleich verbreiteter. In den Pariser Salons bestaunte man athenische Philosophen und Künstler, doch verehrte die martialischen Spartaner und heroisierte sie über die Zuschreibung einer urtümlichen Schönheit, Tugend und Wehrhaftigkeit. Seit den ausgehenden 1750er-Jahren begannen gerade französische Autoren, den spartanischen Gesellschaftsentwurf intensiv an Lykurgs Gesetzgebungstat zu binden. Das Ideal des Gesetzgebers diente dabei zunehmend radikalen Argumentationszwecken. In seinem skandalumwitterten Hauptwerk *De l'esprit* (1758) nutzte der Sensualist und erklärte Atheist Claude Adrien Helvétius die Heldengeschichte des Lykurg für eine Aufwertung der Leidenschaften gegenüber der bloßen Vernunft:

> Als Lykurg aus Lacedaimon eine Republik der Helden machen wollte, sah man ihn nicht etwa im Sinne der sogenannten Weisheit langsam und zögernd zu Werke gehen und unmerkliche Änderungen vornehmen. Dieser große Mann, der von leidenschaftlicher Liebe zur Tugend glühte, empfand, daß er durch Ansprachen oder durch vermeintliche Orakel seinen Mitbürgern die Gefühle einflößen könnte, von denen er selbst beseelt war. Wenn er den ersten Augenblick der Begeisterung ausnutzte, so konnte er die Verfassung ändern und in den Sitten dieses Volkes eine plötzliche Umwälzung herbeiführen, die sich auf den gewöhnlichen Wegen der Vorsicht nur im Laufe vieler Jahrhunderte bewerkstelligen ließe.[106]

Mit seiner disruptiven Gründungstat habe sich Lykurg als tugendhaftester aller Männer erwiesen, weil niemand dem Gemeinwohl so genutzt habe wie er. Für Helvétius war es völlig unerheblich, ob der Gesetzgeber mit seiner Gründungstat große Opfer in Kauf genommen und die Menschen gezielt getäuscht habe. In seinem radikal-utilitaristischen Verständnis von Tugend heiligte der Zweck die Mittel. Als Tugend galt ihm, was immer dem Gemeinwohl diene:

> Dieser Nutzen ist das Prinzip aller menschlichen Tugenden und das Fundament jeder Gesetzgebung. Er muss den Gesetzgeber anregen und die Völker zwingen, sich seinen Gesetzen zu unterwerfen. Diesem Prinzip müssen wir schließlich alle unsere Gefühle opfern – selbst das Gefühl der Humanität.[107]

Helvétius' Lykurg bestach durch seine außerordentliche Leidenschaft und den kompromisslosen Einsatz seiner Handlungsmacht, die gezielte Ausnutzung des Glaubens seiner Mitmenschen eingeschlossen. Lykurg habe eine heroische Republik geschaffen, in der das Streben nach Ruhm zumal Tugend und Tapferkeit, aber auch die Künste stimuliert habe. Besonderes Augenmerk widmete Helvétius der lykurgischen Erziehung und den darauf aufbauenden kollektiven Heroismen, die er in seiner Darstellung stark sexualisierte: »Man erinnere sich an die feierlichen Feste, bei denen gemäß den Gesetzen Lykurgs die schönen jungen Lakedaimonierinnen halbnackt vor versammeltem Volke tanzten«, dabei die Zaghaften unter den jungen Männern verspottet und die Tapferen angespornt hätten. Spartanische Frauen fungierten demzufolge als »eine der stärksten Triebfedern der Gesetzgebung« und hätten Anteil am Ruhm der Männer gehabt. So kam Helvétius zu dem utilitaristischen Schluss, die »doppelte Trunkenheit der Liebe und des Ruhmes«, also die Belohnung durch Vergnügen, habe in Sparta zu herausragender Tugend geführt.[108]

Helvétius interessierte sich weniger für Lykurgs Gesetze als für dessen Gesetzgebungstat: eine kolossale Inszenierung, die eher einen monarchischen Geist atmete. Hier offenbart sich eine Spannung, die sich durch Helvétius' Werk zieht: Er kritisierte »Herrscher«, die glaubten, »durch ein Gesetz plötzlich den Geist eines Volkes ändern«[109] zu können; gesellschaftlicher Wandel sei stets ein langsamer und mühevoller Prozess. Sein Lykurg drückte hingegen die Sehnsucht nach dem Helden aus, für den genau dies nicht galt, nach einem »Gesetzgeber, [... der] die Fackeln des Fanatismus und des Aberglaubens auslöschen, die Mißbräuche beseitigen und die barbarischen Sitten reformieren«[110] würde. Obwohl Helvétius betonte, dass Tugend nur in Republiken florieren könne, und zuweilen sogar eine direkte Demokratie propagierte, redete er mit seiner Gesetzgeberfigur dem Reformabsolutismus das Wort. Immerhin korrespondierte er auch mit Friedrich dem Großen, der sich gerade ins Pathos des Gesetzgebens schwang, und wurde 1764 als auswärtiges Mitglied in die preußische Akademie der Wissenschaften aufgenommen.[111]

Republikanische Autoren hingegen, zumal im absolutistischen Frankreich, pflegten eine antimonarchische Lesart antiker Gesetzgeber. Besonders konsequent brachte Gabriel Bonnot de Mably das spartanische Beispiel in Stellung. Mably präsentierte Sparta als beste Mischverfassung der antiken Welt. Ausdrücklich erhob er diese Polis sogar über Rom, weil er im Gegensatz zu den meisten republikanischen Denkern die römische Expansionspolitik ablehnte. Aus den Spartanern machte er egalitäre Pazifisten, deren Gesellschaft von Wehrhaftigkeit und Tugend geprägt gewesen sei. Sparta sei kein Aggressor gewesen, sondern ein verlässlicher Bundesgenosse, dem eine natürliche Führerrolle in der griechischen Welt zugekommen sei. Diese Exzeptionalität führte Mably auf Lykurgs Gesetzgebungstat zurück. Lykurgs Ackergesetze bedeuteten für ihn nicht nur eine einmalige Umverteilung von Landbesitz, sondern die weitgehende Abschaffung von Privateigentum überhaupt. In geteilter Armut und Bescheidenheit habe die öffentliche Erziehung eine Gesellschaft voller Tugend und Gemeinsinn zu schaffen vermocht. Auch der behauptete Pazifismus der Spartaner setzte an diesem Punkt an. Krieg hätte zu Kriegsbeute geführt, die erneut Begehrlichkeiten geweckt und Ungleichheit erzeugt hätte – daher Lykurgs gesetzliche Verbote, aus Siegen irgendeinen Gewinn zu schlagen oder besiegte Gegner auch nur auf ihr Territorium zu verfolgen.[112]

In Mablys Augen war es eine besondere Leistung Lykurgs, die natürlichen menschlichen Triebfedern zu nutzen. Eine Eignung zum Gesetzgeber ergab sich dabei vor allem aus der Einsicht eines Philosophen, der das Wesen des Menschen erkannt und die politische Ordnung darauf abgestellt habe. Mittels der Vernunft habe Lykurg verstanden, wie seine Ordnung die menschlichen Leidenschaften unter Kontrolle halten würde. Ganz anders Solon: Indem er Zugewinn durch wirtschaftliche Tätigkeit zuließ, hätten Ungleichheit und Habgier schnell wieder Fuß fassen können. Mit den allzu demokratischen Institutionen habe er zudem Zwietracht begünstigt, da Bürger aus Neid und Missgunst das politische System gegen sich selbst wendeten: »Bedeutete dies nicht im Namen der Demokratie in Wahrheit eine Anarchie zu gründen?«[113]

Für Mably stand außer Frage, dass das antike Vorbild wertvolle Erkenntnisse für das Frankreich seiner Gegenwart bereitstellte. Gerade auch der gewaltsamen Gründungstat des Gesetzgebers konnte er einiges abgewinnen. Am Ende seiner äußerst erfolgreichen[114] *Entretiens de Phocion sur le rapport de la morale et de la politique* (1763) ließ er die Protagonisten mit dem Gedanken eines Umsturzes spielen. Mit Phokion griff Mably einen der exemplarischen Staatsmänner aus Plutarchs *Doppelbiographien* auf und dazu die Form der platonischen Dialoge. Der fiktive Autor Nicocles beschreibt hier einen Dialog des weisen Athener Politikers Phokion mit einem jungen Anhänger namens Aristias. Aus der Erkenntnis der schier hoffnungslosen Verkommenheit Athens und seiner Bürger fleht Aristias Phokion an, er möge nach dem Beispiel des Lykurg handeln und mit wenigen Getreuen einen Staatsstreich durchführen, um die Athener mit »heilsamer Gewalt« (*sainte violence*) von ihren Lastern loszureißen. Auch der Angesprochene sieht eine solche Tat moralisch gerechtfertigt – »wer die Macht nur an sich reißt, um die Freiheit wiederherzustellen, ist kein Tyrann«, doch er hält die Durchführung für utopisch, da eine solche Revolution die Polis ins Chaos stürzen würde. Die verkommenen Bürger würden unter dem Vorwand, sich gegen Tyrannei zu wehren, fremde Mächte um Hilfe ersuchen, die ihrerseits die Gelegenheit nur zu gerne nutzen würden, um Athen zu unterwerfen. Die Lektion war unmissverständlich: Lykurgs heroische Gründungstat ließ sich im Frankreich des 18. Jahrhunderts so nicht wiederholen.[115] Nicht, dass sich Mably mit dem französischen System abgefunden hätte. Tatsächlich liest sich sein zu Lebzeiten nur unter der Hand verbreitetes Werk *Des droits et des devoirs du citoyen* (1758, erstmals publiziert bezeichnenderweise 1789) wie eine Anleitung zur Französischen Revolution. Statt auf einen heroischen Gesetzgeber zu hoffen, setzte Mably auf die Ständeversammlung. Er empfahl dem Pariser Parlement, durch Ungehorsam auf die Wiedereinberufung und Verstetigung der Generalstände hinzuwirken und so die graduelle Umgestaltung des politischen Systems nach britischem Vorbild durchzusetzen.[116]

Fast schon zu einer Apotheose des Gesetzgebers setzte Jean-Jacques Rousseau an: in intensiver Auseinandersetzung mit antiken Gesetzgebergeschichten. Sein seither so kontrovers diskutiertes Schlüsselwerk *Du contrat social ou Principes du droit politique* (1762) widmete der Figur des Gesetzgebers sogar ein eigenes Kapitel. Für Rousseau lag die Souveränität jederzeit vollumfänglich beim Volk. Gesetze müssten somit immer Ausdruck der *volonté générale* sein, des Gemeinwillens (der nicht immer dem Willen der Mehrheit entspreche). Beim Übergang von der unbefriedigenden Gegenwart zu einer künftigen Republik, die wirklich der *volonté générale* folgen würde, entstanden für Rousseau zwei Probleme: Einerseits müsste der Gesetzesrahmen, in dem sich der Gemeinwille dann manifestieren soll, von einer wirklich unparteiischen Instanz formuliert werden – Rousseau sprach von »einer höheren Vernunft, die alle Leidenschaften der Menschen sieht und selbst keine hat«.[117] Andererseits traute Rousseau, ähnlich wie einst Harrington, dem Volk nicht recht zu, als mündige Bürger und kollektiver Souverän im Sinne des Gemeinwohls zu agieren. So ergab sich ein Paradox. War die Republik erst eingerichtet, würde sie mündige Bürger erzeugen, ohne mündige Bürger konnte sie jedoch nicht entstehen:

> Damit ein werdendes Volk die gesunden Grundsätze der Politik schätzen und den grundlegenden Ordnungen der Staatsraison folgen kann, wäre es nötig, daß die Wirkung zur Ursache werde, daß der Gemeinsinn, der das Werk der Errichtung sein soll, der Errichtung selbst vorausgehe und daß die Menschen schon vor den Gesetzen wären, was sie durch sie werden sollen.[118]

Rousseau bezog sich immer wieder auf Sparta und Lykurg, der offenkundig seiner Vorstellung des idealen Gesetzgebers am nächsten kam. Dennoch ersehnte er keinen neuen Lykurg und erwog auch keine Wiederholung der spartanischen Gesetzgebung in Frankreich. So wie er den Gesellschaftsvertrag, der im Zentrum seiner Überlegungen stand, nicht als historisches Ereignis, sondern als philosophische Denkfigur vorstellte, entwarf Rousseau auch den idealen *législateur* weniger als reale Person, sondern vielmehr als philosophische, fast metaphysische Idealfigur:

> Der Gesetzgeber ist ein in jeder Hinsicht außergewöhnlicher Mann im Staat. Wenn er es schon von seinen Gaben sein muß, so ist er es nicht weniger durch sein Amt. Dies ist weder Verwaltung noch Souveränität. Dieses Amt, durch das die Republik errichtet wird, findet keinen Eingang in ihre Verfassung. Es ist ein besonderes und höheres Amt, das nichts mit menschlicher Herrschaft gemein hat; wie der, der über Menschen befiehlt, nicht über Gesetze befehlen darf, so darf, wer über Gesetze befiehlt, nicht auch über Menschen befehlen; andernfalls würden seine Gesetze als Diener seiner Leidenschaften oft nur seine Ungerechtigkeiten verewigen, er könnte nie vermeiden, daß Sondergesichtspunkte die Heiligkeit seines Werks entstellten.[119]

Zur Verdeutlichung verwies Rousseau gleichwohl affirmativ auf Lykurg: Er pries dessen freiwilligen Machtverzicht und lobte die beispielhafte Bescheidenheit, sich mit spätem Nachruhm zu begnügen. Rousseau stattete seinen *législateur* nicht mit besonderen Befugnissen aus, sondern verstand seine wichtigste Berufung als diejenige eines Lehrers, der Menschen republiktauglich mache. Schließlich lieferte er doch noch einen Hinweis, wie der *législateur* die unmündigen Bürger ohne Einsatz von Gewalt zu ihrer politischen Mündigkeit bewegen könne. Er müsse die Gesetzgebung einer höheren Macht zuschreiben und dürfe selbst nur als Deuter einer göttlichen, »erhabenen Vernunft« auftreten, so wie Lykurg sich auf das Orakel von Delphi berufen habe.[120]

So verbreitet die Begeisterung für Lykurg und Sparta war, sie blieb auch in Frankreich nicht ohne Widerspruch. Der skeptische Voltaire hatte wenige Jahre zuvor die alten Gesetzgeber verworfen, eben weil sie sich missbräuchlich auf die Götter berufen hätten, um ihre eigenen Interessen durchzusetzen:

> Jeder weltliche Gesetzgeber, der vorzugeben wagte, daß ihm die Gottheit seine Gesetze offenbart, war ein Gotteslästerer und ein Verräther. [...] Hätte ich einem dieser großen Charlatane gegenübergestanden, so würde ich ihm auf öffentlichem Markte zugerufen haben: Halt ein und beleidige nicht die Gottheit! [...] Unsere Zustimmung zu ewigen Wahrheiten, die du verkündigst, soll unsere Zustimmung zu deinen Usurpationen nach sich ziehn. Ich bezeichne dich dem Volke als Gotteslästerer und Tyrannen.[121]

Gute Gesetzgeber sollten nützliche Vorschläge machen, bescheiden bleiben und niemals zu Täuschungen greifen – ein Ideal, für das Voltaire beispielhaft Peter den Großen aufrief.[122] 1778, kurz vor seinem Tod, wies er in einem Kommentarband zu Montesquieus *De L'Esprit des Lois* darauf hin, dass es ohnehin kaum gesichertes Wissen über Lykurg gebe. Plutarchs Lykurg-Biographie sei mit Vorsicht zu genießen, da der Autor erst Jahrhunderte nach dem Gesetzgeber gelebt habe.[123]

Der Popularität der Gesetzgeber taten solche Zweifel keinen Abbruch, im Gegenteil. Zeitgenossen rezipierten intensiver, was Voltaire in seiner 1730 uraufgeführten Tragödie *Brutus* inszeniert hatte. In einer tränenreichen Szene vergibt Brutus seinem reuigen Sohn den Verrat und verurteilt ihn am nächsten Morgen nichtsdestoweniger zum Tode. Er stellt die Verteidigung der Gesetze, die Vaterlandsliebe, über die väterliche Liebe zu seinem eigenen Sohn.[124] Das Stück hatte zunächst nicht verfangen, Kritiker monierten Brutus' Mangel an Menschlichkeit. Ein halbes Jahrhundert nach der Uraufführung, kurz nach Voltaires Tod, änderte sich die Reaktion des Publikums allerdings grundlegend. In den 1780er-Jahren erschien Voltaires Brutus auf einmal als Verkörperung einer strengen republikanischen Bürgertugend, die einen Gegenentwurf zur weithin beklagten Korruption im Staatsapparat der französischen Monarchie bot.

In den ersten Jahren der Französischen Revolution sollte Brutus dann zum Standardbeispiel für radikale politische Entscheidungen avancieren. Eine Aufführung am Tage der Hinrichtung Ludwigs XVI. wurde in Paris mit patriotischer Begeisterung aufgenommen. Es entbehrt nicht einer gewissen Ironie, dass ausgerechnet Voltaires Stück über einen antiken Gesetzgeber den Rechtfertigungen der jakobinischen Terreur den populären Boden bereitete.[125]

Abb. 10: Jacques-Louis David präsentierte Lucius Iunius Brutus als verletzlichen Vater, der im Privaten seine Söhne betrauert, die er selbst zum Tode verurteilt hat. Damit inszenierte er Voltaire folgend das innere Leiden eines Brutus, der seine Vaterlandsliebe und Gesetzestreue über die väterliche Liebe zu seinen Söhnen gestellt hat. Das großformatige Gemälde wurde 1789 im vorrevolutionären Paris begeistert aufgenommen und begründete Davids Popularität als Künstler der Revolution.

5 Der vernünftige Gesetzgeber: Verpflichtungen der Aufklärung

Aufgeklärte Herrschaft hatte sich beileibe nicht nur für Voltaire in Gestalt guter Gesetze zu beweisen, wenn sie nicht ihre Legitimation einbüßen wollte. Wo Reform ausblieb, drohte Revolution. Die erst später als solche gerühmten Gründerväter der Vereinigten Staaten von Amerika erklärten am 4. Juli 1776 mit einer vor allem von Thomas Jefferson entworfenen Deklaration ihre Unabhängigkeit. Sie verständigten sich darauf, dem König, von dessen Herrschaft sie sich lossagten, zuallererst eine desaströse Handhabung der Gesetzgebung vorzuwerfen – als Ausweis von Willkür wider jede Vernunft:

> He has refused his Assent to Laws, the most wholesome and necessary for the public good. He has forbidden his Governors to pass Laws of immediate and pressing importance [...]. He has refused to pass other Laws for the accomodation of large districts of people [...] He has called together legislative bodies at places unusual, uncomfortable, and distant [...]. He has dissolved Representative Houses repeatedly [...].[126]

Diese Strategie, den britischen Monarchen Georg III. zu einem negativen Zerrbild des Gesetzgebungshelden zu machen, belegt anschaulich, wie Herrschaft im Zeitalter der Revolutionen dezidiert legislative Gestalt angenommen hatte: Die Aufklärung sollte das Gesetz geben, Vernunft schuf Verpflichtung. Aufmerksame Herrscher hatten diesen Wandel schon in der Mitte des 18. Jahrhunderts erfasst, längst suchten sie, Prestige in groß angelegten Kodifikationsprojekten zu gewinnen und ihren Rang in Fortschrittserzählungen zu behaupten: Aufklärung war gleichermaßen

Mittel wie Zweck dieser Art von Gesetzgebung. Das spätere Allgemeine Landrecht für die Preußischen Staaten firmierte zunächst nicht von ungefähr als Code Frédéric, Joseph II. erließ ein Josephinisches Gesetzbuch, Napoleon betrieb den Code Napoléon, der erst nach dem Ende seiner Herrschaft Code Civil genannt wurde. Diese so unterschiedlichen Herrscher und Gesetzeswerke verband der Anspruch, das positive Recht aus einem vorgängigen Naturrecht abzuleiten – und aus diesem Akt zivilisationsheroischen Ruhm zu gewinnen: Indem sie sich ostentativ an die von ihnen gegebenen Gesetze banden, entsagten sie gleichsam dem Absolutismus und stellten sich dafür erst recht in die Tradition antiker Gesetzgeber-Erzählungen.

Mochte darin zunächst vor allem eine Selbstheroisierung stecken, so oder so mussten sich Herrscher an jenen Maßstäben, an denen sie ihren eigenen Ruhm als Gesetzgeber zu demonstrieren suchten, eben auch selbst messen lassen.[127] Das erlebte etwa Friedrich der Große, als der erste Entwurf des erst viele Jahrzehnte später verkündeten Landrechts als Druck kursierte und sich prompt ein französisches Gelehrtenmagazin lobend zu Wort meldete. Die *Mémoires de Trévoux* fragten im April des Jahres 1751: »Was wäre Rom ohne Numa; Athen ohne Solon; Sparta ohne Lykurg, und in unseren Tagen Moskau ohne den Zaren Peter?«[128] Die kleineren Bedenken, die das Journal anmeldete, waren in Bewunderung gehüllt:

> So verdient in diesem Niedergang der Zeitalter & nach der Verkündung so vieler Gesetze ein jeder, der seine Augen darauf richtet, ein gut durchdachtes, präzises Gesetzescorpus zu schaffen, das auf guter Logik gründet, noch immer zu Recht die hervorragende Bezeichnung des Gesetzgebers; nicht zu vergessen die des Philosophen, des Wohltäters des Menschengeschlechts, des

> Friedensstifters aller bürgerlichen und häuslichen Unruhen. Der Autor des code Frédéric, der ein großer König ist, genießt diesen Ruhm.[129]

Bezeichnenderweise reagierte man in Preußen weniger auf das Lob, sondern umso empfindlicher auf behutsame Kritik im Inhalt – in Gestalt einer kurzen *Défense du Code Frédéric*, die Friedrich als »Salomon des Nordens« verteidigte.[130] Der eigentliche Gegenstand des Streits, der vor allem das Eherecht betraf (naheliegenderweise stießen sich die Jesuiten der *Mémoires* an Scheidungsbestimmungen), interessiert hier weniger als der Befund, dass alle Kontrahenten sich offenkundig in einem zentralen Punkt einig waren: An der Beschaffenheit des vorzulegenden Gesetzbuches würde sich zeigen, wie ›aufgeklärt‹ und ›fortschrittlich‹ der preußische König wirklich sei. Daraus erwuchs Potential zur Heroisierung ebenso wie zur Deheroisierung. Wofür man sich idealiter preisen lassen konnte, machte der mit Montesquieu vertraute Preußenkönig deutlich, als er andernorts einschlägige Ansprüche an seine Beamten formulierte:

> Aber nicht allein die Heerführer müssen ihre Zuflucht zu den Archiven der Vergangenheit nehmen. Auch der Beamte, der Jurist könnten ihre Pflicht nicht erfüllen, wenn sie den Teil der Geschichte, der die Gesetzgebung betrifft, nicht gründlich beherrschen. Es genügt nicht, daß sie den Geist der Gesetze ihres Vaterlandes studiert haben, sie müssen auch den der andren Völker kennen und wissen, bei welchen Anlässen die Gesetze eingeführt oder abgeschafft wurden.[131]

Sein Nachfolger Friedrich Wilhelm II. blieb dieser Denkungsart treu und ließ sich als Gesetzgeber rühmen. Als er im Jahre 1791 endlich das Allgemeine Landrecht verkündete, legte er Wert auf dessen aufgeklärte Komposition, habe man doch die »Gesetzgebung über diese Gegenstände auf die einfachen Grundsätze der Vernunft und natürlichen Billigkeit zurückgeführt« und alles »dergestalt allgemein verständlich« formuliert,

> daß ein jeder Einwohner des Staats, dessen natürliche Fähigkeiten durch Erziehung nur einiger maßen ausgebildet sind, die Gesetze, nach welchen er seine Handlungen einrichten und beurtheilen lassen soll, selbst lesen, verstehen, und in vorkommenden Fällen sich nach den Vorschriften derselben gehörig achten könne.[132]

Auch in der Habsburgermonarchie vergingen Jahrzehnte, ehe ein neues bürgerliches Gesetzbuch entstand, das einheitlichen, aufklärerischen Maximen in Gehalt und Form genügte. Erste Pläne hatte Gottfried Wilhelm Leibniz als Reichshofrat ab dem Jahre 1713 erstellt, Maria Theresia setzte im Jahre 1753 eine Kommission ein, die anno 1766 einen ersten Entwurf verabschiedete – aber auf Geheiß Josephs II. im Jahre 1772 noch einmal neu begann. Erst anno 1786 konnte ein erster Teil des neuen Normenwerks in Geltung gesetzt werden. Auf welche Hindernisse es prallte, als dieser zähe Entstehungsprozess endlich sein Ziel erreicht zu haben schien, zeigt eine zeitgenössische Würdigung Josephs II. – der es offenbar eben nicht zum populären Gesetzgeberhelden brachte:

> Die Gesetze waren dunkel, der Gang der Rechte langsam, die Richter spielten mit den Gesetzen, und die Rechtsfreunde ernährten sich vom Vermögen ihrer betrogenen Partheyen. Joseph verbesserte die Gesetze, gab den Rechten einen raschen Gang, beschränkte die Hab-

sucht, stellte unbestechliche Männer zu Richtern auf – und doch liebt ihn sein Volk nicht.[133]

Dabei hatte Joseph II. just dem entsprochen, was Friedrich Schiller noch wenige Jahre später als Idealvorstellung eines Gesetzgebers skizzierte, der einer rationalen Systematik verpflichtet sei:

> Werfen wir einen bloß flüchtigen Blick auf die Gesetzgebung des Lykurgus, so befällt uns wirklich ein angenehmes Erstaunen. Unter allen ähnlichen Instituten des Altertums ist sie unstreitig die vollendetste, die mosaische Gesetzgebung ausgenommen, der sie in vielen Stücken, und vorzüglich in dem Prinzipium gleicht, das ihr zum Grund liegt. Sie ist wirklich in sich selbst vollendet, alles schließt sich darin an einander an, eines wird durch alles, und alles durch eins gehalten.[134]

Doch Schiller gab auch zu erkennen, was verehrungswürdige Kodifikationsprojekte vor allem erforderten und was ein guter Gesetzgeber wesentlich bewirken müsse – nicht Gesetze, sondern eine staatsbürgerliche Mentalität: »Kein Gesetzgeber hat je einem Staate diese Einheit, dieses Nationalinteresse, diesen Gemeingeist gegeben, den Lykurgus dem seinigen gab«.[135] Darin zeigen sich zugleich die Persistenz eines durch die Frühe Neuzeit hindurch gehegten Heldenideals wie auch dessen Modifizierung: in Schillers Erwartung, »die Gesetzgeber werden sich noch lange in rohen Versuchen üben, bis sich ihnen endlich das glückliche Gleichgewicht der gesellschaftlichen Kräfte von selbst darbietet.«[136]

Schiller standen aufklärerische Kodifikationsprojekte wie die genannten vor Augen, denen ein rationaler Auftrag eingeschrieben war: auf seine Weise ein kritischer

Abb. 11: Das Allgemeine Landrecht für die Preußischen Staaten war das große Reformwerk, das Friedrich der Große begonnen hatte. Verkündet wurde es erst im Jahre 1791, unter seinem Neffen und Nachfolger, den der erste Druck besonders würdigte: Neben der Titelseite überwachte »Friedrich Wilhelm [II.] der Gesetzgeber«, wie Iustitia nunmehr ihr exaktes Werk verrichtete.

Kommentar über die Konstituante, die in Paris ausdauernd über eine Verfassung beriet, während Schiller seine Vorlesung hielt respektive publizierte. In republikanischem Pathos formulierte er: »Der Gesetzgeber allein bearbeitet einen selbstthätigen widerstrebenden Stoff – die menschliche Freiheit.«[137] Im Revolutionszeitalter hatte Gesetzgebung mehr als nur ein Elitenprojekt darzustellen, durchaus gegenläufige Erwartungen richteten sich auf sie: sowohl der Anspruch, das bestehende Recht in einer vernünftig-aufklärerischen Systematik zusammenzufassen, als auch die Aufgabe, allerlei Rechtsmaterien dem Geist der Zeit gemäß neu zu regeln. Besonders eklatant zeigte sich diese Gegenläufigkeit im Reichsrecht, in dem Johann Jacob Moser, Johann Stephan Pütter und andere zu großen Synthesen ansetzten, oder auch in Großbritannien, das mit dem Common Law von einem dezidierten Richterrecht geprägt war.

Selbst diesen Rechtsraum, der als Ensemble von Gewohnheiten eigentlich keinen Platz für große Gesetzgeber bot, besetzten Zeitgenossen nun mit einschlägigen Idealisierungen. So geschah es in den *Commentaries on the Laws of England* (1765-1769) aus der Feder William Blackstones, des ersten Oxforder Universitätsprofessors für Englisches Recht, das bislang eben keine akademische Disziplin gewesen, sondern an den Inns of Court im Rahmen einer erfahrungsorientierten Anwaltsausbildung gelehrt worden war. Für sein mehrfaches Vermittlungsproblem fand Blackstone eine heroisierende Lösung – indem er den mittelalterlichen König Alfred zum Helden einer systematischen Gesetzgebungstätigkeit erhob: »When [...] king Alfred succeeded to the monarchy of England, whereof his grandfather Egbert was the founder, his mighty genius prompted him to undertake a most great and necessary work«, so argumentierte Blackstone und charakterisierte den epochalen Anspruch eines in der idealisierten mittelalterlichen Vergangenheit lokalisierten Gesetzgebungsprozesses. Wie Blackstone weiter ausführte, habe Alfred die geradezu aufklärerisch anmutende Ambition geleitet,

> no less than to new-model the constitution, to rebuild it on a plan that should endure for ages, and, out of its old discordant materials, which were heaped upon each other in a vast and rude irregularity, to form one uniform and well connected whole.[138]

Bei Blackstone wurde Alfred zu einer heroischen Gründungsfigur, ausgezeichnet durch einen Akt mutiger rationaler Neuordnung im aufklärerischen Sinne:

> This he effected, by reducing the whole kingdom under one regular and gradual subordination of government [...], all under the influence and administration of one supreme magistrate, the king; in whom, as in a general reservoir, all the executive authority of the law was lodged, and from whom justice was dispersed to every part of the nation by distinct, yet communicating, ducts and channels: which wise institution has been preserved for near a thousand years unchanged, from Alfred's to the present time.[139]

So unterschiedlich die Verhältnisse in Großbritannien, Österreich und Preußen lagen, so sehr sich auch die jeweiligen Gesetzeswerke in ihrem sachlichen Gehalt und in ihrem Aufbau unterschieden, zweierlei verband die jeweiligen Diskurse: nämlich der Anspruch, die Rechtslage vernünftig zu durchdringen sowie zu verbessern, vor allem aber die Erwartung, für ein solches Meisterwerk bedürfe es eines Gesetzgebungshelden. Auf den Punkt brachten diese Überzeugung seinerzeit insbesondere schottische Aufklärer, darunter Adam Smith, als er in seinem *Wealth of Nations* beiläufig an die »science of a statesman or legislator«[140] appellierte. Sein bewunderter Freund David Hume verstand in seinem Essay *That Politics May Be Reduced to a Science* die Etablierung verlässlicher Gesetze sogar als wesentlichen Teil des Zivilisationsprozesses. Intellektuelle Qualität der Rechtstexte sollte ihre Dauerhaftigkeit verbürgen, ohne dass es dazu noch eine heldenhafte Verzichtsleistung brauchte. Die heroische Aura kam nicht vom Gesetzgeber, sondern unmittelbar aus dem Gesetz, das er stiftete:

> Legislators, therefore, ought not to trust the future government of a state entirely to chance, but ought to provide a system of laws to regulate the administration of public affairs to the latest posterity.

Für Hume zeichneten sich gute Gesetzgeber durch gelehrte Einsicht und durch Tugend aus, ganz nach dem Vorbild der antiken Klassiker. Sie sollten nicht ihren eigenen Vorteil zu geltendem Recht werden lassen, sondern über den – sich im britischen Parlament seinerzeit wüst bekriegenden – Parteien stehen und ordnungsschaffend handeln:

> As much as legislators and founders of states ought to be honoured and respected among men, as much ought the founders of sects and factions to be detested and hated; because the influence of faction is directly contrary to that of laws.[141]

Besondere Aufmerksamkeit erlangte indes bald eine moderne Sonderform des Gesetzgebers, nämlich der Verfassungsgeber: keineswegs nur im revolutionären Frankreich, wo sich seit der Mitte des 18. Jahrhunderts in eminenter Weise ein legislativer Diskurs verdichtete. In ihm figurierten prominent die ersten modernen Verfassungen und ihre Schöpfer. Sie traten allerdings zunächst nicht in den großen Staaten auf, sondern vielmehr an der Peripherie. Ehe das revolutionäre Frankreich sich im Spätsommer des Jahres 1791 eine erste Verfassung gab, hatten Korsika, die entlegenen Vereinigten Staaten und Polen schon über eine solche verfügt. Korsika gab insofern ein epochales Muster, als Zeitgenossen hier Freiheit und Verfassung als zwei Seiten ein und derselben Medaille ausmünzten: Der Freiheitsheld wurde zugleich zum Verfassungshelden.

Pasquale Paoli – zu dessen engster Klientel eine gewisse Familie Bonaparte gehörte – führte nicht nur erfolgreich den Unabhängigkeitskampf der Inselelite gegen die ungeliebten genuesischen Herren, sondern entwarf zugleich eine im Jahre 1755 ausgerufene Verfassung, orientiert am antiken Ideal einer Mischverfassung. Nicht umsonst stellt die Statue, die im Jahre 1854 in der korsischen Hauptstadt Corte aufgestellt wurde, Paoli mit der einen Hand am Schwert, mit der anderen an einer Schriftrolle dar: in charakteristischer Anverwandlung einer langen Bildtradition, die bis auf frühe Darstellungen Iustinians als eines dezidiert christlichen Gesetzgebers zurückging.

Obwohl oder gerade weil Genua die aufrührerische Insel kurzerhand an Frankreich weiterverkaufte und Paoli ins Exil fliehen musste, wurde er für viele Zeitgenossen zur heroischen Orientierungsfigur. Enthusiasmiert vom korsischen Freiheitskampf zeigte sich etwa Jean-Jacques Rousseau. Für das von der französischen Invasion bedrohte Korsika entwarf er sogar selbst eine Verfassung (1764); seinen idealen Gesetzgeber im zwei Jahre zuvor publizierten *Gesellschaftsvertrag* hatte er an antiken Figuren modelliert, aber wohl auch an Paoli, an den ein »außergewöhnlicher Mann im Staate« gemahnte.[142] Paolis Popularität festigten weitere einflussreiche Schriftsteller, darunter der

Abb. 12: Pasquale Paoli heroisierten nicht nur Korsen, die ihn als Vorkämpfer ihrer nationalen Freiheit und als Verfassungsgeber priesen. In der Hauptstadt Corte erinnert seit 1854 eine aus dortigen Spenden finanzierte Statue des Bildhauers Victor Huguenin an den General, der offenkundig aus Büchern das Statut seines Vaterlandes erarbeitet hatte.

wirkungsmächtige James Boswell. Er schwärmte geradezu von Paolis Politik, bis hin zur Verbesserung der Sitten, die antiken Autoren als eigentliche Leistung vieler Gesetzgeber gegolten hatte:

> Paoli ergriff das sicherste Mittel diesen Entzweck zu erreichen. Er errichtete eine Universität zu Corte, und in einem jeden Dorfe legte er zum Unterricht der Kinder Schulen an. Sollte das Beyspiel eines so großes Geistes nicht stark genug seyn, das kalte Geblüt der Fürsten und Regenten, womit sie bishero die Schulen betrachtet haben, wieder zu erwärmen?[143]

Boswell stilisierte Paoli also zu einem Musteraufklärer: »einer von den Männern, die man nirgends mehr, als in den Lebensbeschreibungen des Plutarch antrifft«.[144] Zur Analogie gereichten selbst die Hunde, die Paolis Sicherheit garantierten:

> Diese Begleitung der Hunde ist abermals ein Umstand, wodurch Paoli den Helden des Alterthums ähnlich wird. So stellte zum Beyspiel Homer den Telemach vor, wie der von zween schnelllaufenden Hunden begleitet wird. Und die Beschreibung, welche man in eben diesem Dichter von dem Hause des Patroclus gibt, wie neun große Hunde um seinen Tisch gestanden, lässet sich noch besser mit Paoli vergleichen. Seine Reden haben Wendungen, die gemeinen Seelen nicht beyfallen. Der große Geist zeigt sich überall.[145]

An das genialische Moment, das Paoli als verfassungsgebendem – und das hieß also: geistreichem – Helden seinerzeit zugesprochen wurde, erinnerte sich noch der alternde Johann Wolfgang von Goethe in seinen Memoiren: »Noch lebhafter aber war die Welt interessiert, als ein ganzes Volk sich zu befreien Miene machte. Schon früher hatte man demselben Schauspiel im kleinen gern zugesehn; Korsika war lange der Punkt gewesen, auf den sich aller Augen richteten.« Goethe stellte in der Rückschau auf Paoli einen größeren Zusammenhang her, der den besonderen Stellenwert von Verfassungsgebern im Zeitalter des anhebenden Konstitutionalismus betonte:

> Nun aber sollten sich in dem entfernteren Weltteil ähnliche Auftritte wiederholen; man wünschte den Amerikanern alles Glück, und die Namen Franklin und Washington fingen an, am politischen und kriegerischen Himmel zu glänzen und zu funkeln. Manches zu Erleichterung der Menschheit war geschehen, und als nun gar ein neuer wohlwollender König von Frankreich die besten Absichten zeigte, sich selbst zu Beseitigung so mancher Mißbräuche und zu den edelsten Zwecken zu beschränken, eine regelmäßig auslangende Staatswirtschaft einzuführen, sich aller willkürlichen Gewalt zu begeben, und durch Ordnung wie durch Recht allein zu herrschen; so verbreitete sich die heiterste Hoffnung über die ganze Welt [...].[146]

Goethes Erwartungen wirkten hier auf seine Erfahrungen zurück, ähnlich wie bei anderen Zeitgenossen. Immerhin hatte Johann Gottfried Herder in seinen *Ideen zur Philosophie der Geschichte der Menschheit* bereits die seinerzeit erhoffte Modernisierungsgesetzgebung in längst vergangene Zeiten rückprojiziert:

> Bald also thaten sich in vielen frei gewordenen Stämmen und Colonieen weise Männer hervor, die Vormünder des Volks wurden. Sie sahen, unter welchen Uebeln ihr

> Stamm litt und sannen auf eine Einrichtung desselben, die auf Gesetze und Sitten des Ganzen erbauet wäre. Natürlich waren also die meisten dieser alten griechischen Weisen Männer in öffentlichen Geschäften, Vorsteher des Volks, Rathgeber der Könige, Heerführer; denn bloß von diesen Edeln konnte die politische Cultur ausgehn, die weiter hinab aufs Volk wirkte. Selbst Lykurg, Drako, Solon waren aus den ersten Geschlechtern ihrer Stadt, zum Teil selbst obrigkeitliche Personen; die Uebel der Aristokratie sammt der Unzufriedenheit des Volks waren zu ihrer Zeit aufs höchste gestiegen; daher die bessere Einrichtung, die sie angaben, so großen Eingang gewann.

Schon vor der Französischen Revolution formte Herder hier heroische Gesetzgeber, die sich selbstlos für die Gemeinschaft opferten – und (nicht anders, als es in Frankreich alsbald ein Graf Mirabeau oder ein Abbé Sieyès tun sollten) offenkundig solche, die sich sogar gegen den Stand richteten, dem sie selbst entstammen mochten:

> Unsterblich bleibt das Lob dieser Männer, daß sie, vom Zutrauen des Volks unterstützt, für sich und die Ihrigen den Besitz der Oberherrschaft verschmähten und allen ihren Fleiß, alle ihre Menschen- und Volkskenntniß auf ein Gemeinwesen, d.i. auf den Staat als Staat, wandten. Wären ihre ersten Versuche in dieser Art auch bei weitem nicht die höchsten und ewigen Muster menschlicher Einrichtungen; sie sollten dieses auch nicht sein; sie gehören nirgend hin, als wo sie eingeführt wurden; ja auch hier mußten sie sich den Sitten des Stammes und seinen eingewurzelten Uebeln oft wider Willen bequemen.[147]

Wer wollte, konnte solche Hoffnungen nun insbesondere in den Revolutionen in Nordamerika und in Frankreich erfüllt sehen – oder eben zuvor schon auf Korsika oder in der Toskana. Dort formte der Habsburger Peter Leopold einen aufklärerischen Musterstaat. Während sein Bruder Joseph II. noch sein Gesetzbuch verfassen ließ, betrieb der Großherzog der Toskana bereits die Entstehung einer Konstitution, die sogar seiner eigenen monarchischen Machtausübung einige Grenzen setzte. Einen solchen Helden wusste seinerzeit etwa der württembergische Gelehrte Johann Friedrich LeBret zu würdigen:

> In Toscana hat man sich in neuern Zeiten die meiste Mühe gegeben, den Geist der Gesetzgebung für die Bedürfnisse der neuern Zeiten umzubilden, und in diesem Stücke hat sich Leopold eben, wie in so vielen andern, als einen wohlthätigen Vater seines Volks bewährt.[148]

Peter Leopold genoss freilich in der Toskana einen anderen Spielraum, war das Territorium doch erst im 18. Jahrhundert an die Habsburger gekommen. In einer solchen Konstellation versprach ein derartiges Gesetzgebungsprojekt, das Prestige des in jeder Hinsicht vergleichsweise jungen Territorialherren zu mehren – erst recht in der bereitwilligen Geste, die eigene Herrschaft dem selbst gegebenen Gesetz zu unterwerfen. In angestammten Territorien hingegen musste ein Verlust dynastischer Autorität vermieden werden: weil jeder große legislative Wurf immer auch bedeutete, dass die eigenen Vorfahren ihn versäumt hätten. Selbst Napoleon tat klug daran, sich eher als Schutzherr denn als Urheber der französischen Konstitution zu präsentieren und mithin die seiner Herrschaft dienende Verfassung des Kaiserreiches doppelt abzusichern: als »Verfassung des Jahres XII«, die durch die Jahreszählung auf die revolutionäre Tradition abhob, wie als »sénatus-consulte organique du 28 floréal an XII«, der die Rolle des »Sénat conservateur« bei der Verfassungsgebung über Gebühr hervorhob. Im Ausland allerdings blieb die großzügige Gewährung von Verfassungen eine Herrschergeste, die sich Napoleon zunutze zu machen versuchte: Dem Großherzogtum Warschau, das er als Satellitenstaat begründet hatte, stiftete er eine Verfassung.

Doch unterdessen hatte sich längst ein neuer heroisierbarer Akteur herausgebildet: das verfassungsgebende Kollektiv, wie es die amerikanischen Revolutionäre paradigmatisch verkörperten. Sie vertrauten gerade nicht auf das gesetzgeberische Charisma eines Menschen, schon gar nicht eines Monarchen, für den der gleiche Vorbehalt wie gegenüber jedermann galt – so jedenfalls suggerierte Thomas Paine, der radikale Advokat der Lösung vom britischen Empire. Für ihn folgte die Notwendigkeit eines gesellschaftlichen Gesetzgebers aus der Unfähigkeit des Individuums zur Selbstgesetzgebung durch die eigene Vernunft:

> For were the impulses of conscience clear, uniform and irresistibly obeyed, man would need no other lawgiver; but that not being the case, he finds it necessary to surrender up a part of his property to furnish means for the protection of the rest; and this he is induced to do by the same prudence which in every other case advises him, out of two evils to choose the least. Wherefore, security being the true design and end of government, it unanswerably follows that whatever form thereof appears most likely to ensure it to us, with the least expense and greatest benefit, is preferable to all others.[149]

Doch ob das gesetzgeberische Kollektiv wirklich unmittelbar aus dem Volk hervorgehen solle, darüber stritten

Zeitgenossen intensiv. Immanuel Kant begnügte sich damit, den Gesetzgeber als regulative Idee zu formen und ihn an naturrechtliche (und damit zugleich: vernünftige) Vorgaben zu binden, die seine Willkür enorm einhegten:

> Sondern es ist eine bloße Idee der Vernunft, die aber ihre unbezweifelte (praktische) Realität hat: nämlich jeden Gesetzgeber zu verbinden, daß er seine Gesetze so gebe, als sie aus dem vereinigten Willen eines ganzen Volks haben entspringen können, und jeden Unterthan, so fern er Bürger sein will, so anzusehen, als ob er zu einem solchen Willen mit zusammen gestimmt habe. Denn das ist der Probirstein der Rechtmäßigkeit eines jeden öffentlichen Gesetzes.[150]

Autonomie als Selbstgesetzgebung der Vernunft schränkte die Gesetzgebung des Menschen also ein. Derlei Argumente waren attraktiv, weil sich so insbesondere die konstitutionelle Verfügungsgewalt von Monarchen begrenzen ließ, deren Agieren bei solchen Idealen unter einen konkreten Erwartungsdruck geriet. Obendrein ließ sich Vernunft ganz unterschiedlich definieren. Ein konstitutioneller Voluntarismus stellte sich erst recht dort ein, wo diese Vorstellung über eine Fiktion weit hinausging – und sich Zeitgenossen der überlieferten Gesetzgebergeschichten bedienten. Immerhin hatte etwa die Erzählung, wie Lykurg in einem großen Wurf eine neue Verfassung erstellt habe, während der Frühen Neuzeit politischen Theoretikern wieder und wieder als hilfreiche Folie gedient, um über die ideale Republik und ihre Einführung nachzudenken.

In der Französischen Revolution wurde dieses Szenario ganz real, nur dass das Volk – oder vielmehr diejenigen, die in seinem Namen zu sprechen und zu handeln beanspruchten – nun selbst in die Rolle des Gesetzgebers strebte. Schon die Verfassung des Jahres 1791 hatte die Nationalversammlung beschlossen, mit der Absetzung des Königs im folgenden Jahr machte sich der seither tagende Nationalkonvent sogleich an die Gestaltung einer republikanischen Verfassung – und ließ sich dabei von antiken Gesetzgebern inspirieren. Auf einem erhöhten Sims wachten überlebensgroße Statuen von Solon und Lykurg gemeinsam mit Platon und Demosthenes über die Versammlung, auf der gegenüberliegenden Seite zudem Büsten von Valerius Publicola, Lucius Iunius Brutus, Camillus und Cincinnatus.[151] Viele Reden zitierten solche Gesetzgeber immer wieder herbei, diejenigen moderater Reformer eher Solon, diejenigen radikaler Revolutionäre eher Lykurg. Ersteren beschwor etwa Camille Desmoulins, um das Bild einer kultivierten, liberalen Demokratie zu zeichnen, letzteren nahm sich Louis Antoine de Saint-Just zum gestrengen Paten einer rigiden Bürgertugend nach spartanischem Vorbild; seine unveröffentlichte neospartanische Gesellschaftsvision folgte stellenweise beinahe wortgleich Plutarchs Lebensbeschreibung des Lykurg.[152]

Heroisierung der Gesetzgeber war nur ein Aspekt des ausgeprägten Klassizismus in den ersten Jahren der Französischen Revolution. Die omnipräsente antikisierende Ästhetik der Revolutionäre diente als Mittel, um sich vom Ancien Régime abzugrenzen. Besonders in Städten trug sie maßgeblich dazu bei, eine revolutionäre Affektgemeinschaft zu konstituieren.[153] Hier erreichten die großen Männer der Antike 1792/1793 den Höhepunkt ihrer Attraktivität: Brutus war einer der beliebtesten Namen für Neugeborene, aber auch viele Lykurgs und Solons erblickten in diesen Jahren das Licht der Welt.[154] Die Popularität der antiken Nomotheten währte allerdings nicht lange. Mit dem Umschlagen der Republik in die Terreur änderte sich auch die Tonart der Reden, Bürgertugend wurde mehr aus radikaler Vernunft als aus Tradition abgeleitet – selbst Saint-Just betonte nun eher den modernen Charakter der Revolution: »Verachtet nichts, aber imitiert nichts, was vor uns geschehen ist: Heldentum hat keine Modelle.«[155] Endgültig brachte die antiken Vorbilder dann zu Fall, dass man sie hinterher erst recht mit der beendeten Jakobinerherrschaft assoziierte. Im politischen Imaginären trat an die Stelle antikisierender Republikvorstellungen eher wieder das Bild eines trefflich eingerichteten Staatsapparats.[156]

Darin fügten sich auch Kollektive ein, die sich nunmehr als entscheidendes Teil der Staatsmaschinerie begriffen. Verfassungsgeber war hier nicht mehr ein Herrscher. Vielmehr versammelte sich dieser rasch etablierten Tradition zufolge das gesamte Volk in Gestalt seiner Repräsentanten, um eher gegen einen Herrscher als mit ihm eine neue staatliche Ordnung zu schaffen – anschaulich gemacht in Gemälden, die einen neuen Typus anzeichneten. War Gesetzgebung einst Signum von Herrschaft gewesen, eignete sie sich jetzt als Ausweis von Herrschaftskritik. Darstellungen wie *Congress Voting Independence* von Robert Edge Pine (1784-1788), Davids *Ballhausschwur* (1791), Kazimierz Wojniakowskis *Die Verfassung vom 3. Mai 1791* (1806) oder später Junius Brutus Stearns' *Signing of the U.S. Constitution* (1856) sowie Oscar Wergelands *Riksforsamlingen på Eidsvoll 1814* (1885) verbindet als konstitutionelle Wimmelbilder, dass sie einen demokratischen Souverän heroisieren. Die wenig prunkvolle Atmosphäre unterstreicht die gebotene Ernsthaftigkeit, mit der eben der kollektive Souverän reflektiert und einmütig, also gerade ohne Tumult der Beratenden selbst, die Zukunft des Gemeinwohls in vernünftige Bahnen lenkt. Besonders eindrücklich dokumentieren diesen großformatigen Gestus die ersten Worte aus der amerikanischen Verfassung des Jahres 1787, die gleich das gesamte Volk als gesetzgeberische Autorität heroisierten:

Abb. 13: Im Jahre 1885 setzte Oscar Wergeland die verfassungsgebende Versammlung in Norwegen in Szene, die nach mehreren Wochen der Beratung am 17. Mai 1814 die in weiten Teilen bis heute gültige Verfassung verabschiedet hatte. Sein imposantes idealisierendes Historiengemälde *Eidsvold 1814* heroisierte Männer, die in stürmischer Zeit in aller Ruhe und vor allem sittsam und geordnet zu Gesetzgebern werden. Was es nicht zeigt, ist ebenfalls instruktiv: den Monarchen, der sich der Konstitution per Eid verpflichten musste und an den Verhandlungen eben nicht beteiligt gewesen war.

> We the People of the United States in Order to form a more perfect Union, establish Justice, insure domestic Tranquility, provide for the common defence, promote the general Welfare, and secure the Blessings of Liberty to ourselves and our Posterity, do ordain and establish this Constitution for the United States of America.[157]

Die Leitautoren der amerikanischen Verfassung waren nicht von ungefähr peinlich darauf bedacht, gerade nicht als solche öffentlich in Erscheinung zu treten: um die Fiktion einer kollektiven Urheberschaft des amerikanischen Volkes aufrechtzuerhalten. Einer von ihnen, James Madison, verwandte in den *Federalist Papers* einige Mühe darauf, den offenkundig nach wie vor orientierungsstiftenden antiken Vorbildern ein Handeln nicht aus eigener monarchischer Herrlichkeit, sondern allein in der »authority of the people« zuzuschreiben. Er attestierte den gesetzgebenden Gründungsvätern eine Handlungsmacht nicht kraft individueller Tugend, sondern vielmehr aus dem ermächtigenden Moment der Repräsentation heraus: »And Solon, according to Plutarch, was in a manner compelled, by the universal suffrage of his fellow citizens, to take upon him the sole and absolute power of new modelling the constitution«.[158] Auch Gunning Bedford hatte im Verfassungskonvent von Philadelphia in ähnlicher Weise gemahnt, den eigentlichen Verfassungsgeber zu bedenken: »We must, like Solon, make such a government as the people will approve«.[159]

Einfacher hatten es hier manche Akteure auf dem europäischen Kontinent, beispielsweise die preußischen Reformer, die ihr Mandat zur tiefgreifenden Veränderung des Staates unmittelbar aus der dramatischen Niederlage gegen Napoleon ableiten konnten. Einerseits luden sie ihr Erneuerungswerk, bei dem sie ebenso auf den Monarchen angewiesen waren wie Friedrich Wilhelm III. auf sie, mit traditionellem Heroismus auf. Die Rigaer Denkschrift, die Karl August von Hardenberg in engem Austausch mit anderen Reformern aufsetzte, nahm im Jahre 1807 das heroische Exempel jenes Herrschers auf, der sein ebenfalls nach einem verheerenden Krieg darniederliegendes Land erfolgreich erneuert hatte – des Großen Kurfürsten im Zeitalter des Dreißigjährigen Krieges:

> Unter anderen, aber ähnlichen Umständen, jedoch bei einem ganz verschiedenen Zeitgeist revolutionierte Kurfürst Friedrich Wilhelm der Große nach der unglücklichen Epoche unter Georg Wilhelm gleichfalls seinen

> Staat und legte den Grund zu seiner nachherigen Größe. War aber je ein Zeitpunkt günstig für solche Maßregeln, so ist es unstreitig der gegenwärtige, wo der Staat eine so große Veränderung erlitten hat und nach ganz neuen Grundsätzen handeln, einer gänzlichen Wiedergeburt unterliegen muß.[160]

Zur Rahmung gehörte andererseits auch, dass die Rigaer Denkschrift zwar an den König gerichtet war, aber ihm unmissverständlich vor Augen führte, dass das Reformwerk nur mithilfe einiger ausgewählter Experten und heldenhafter Entschlossenheit des Monarchen gelingen könne:

> Ich bin endlich mit dem Herrn von Altenstein nach der innigsten Überzeugung einverstanden, dass nur eine Radikalkur unserer Verfassung dem Staat wieder neues Leben geben und ihm solches erhalten könne. Möge man sie doch nicht scheuen und mit starker Hand die nötigen Maßregeln – ja keine halben – ergreifen! Hindernisse werden sich genug auftürmen, aber sie werden zusammenfallen, wenn man ohne Weitläufigkeit und mit Mut auf sie los geht. Sie mögen in der vorigen Verfassung, in angeblichen ständischen Rechten, oder wo es auch sei, liegen, man bekämpfe sie rasch und fest! Zeit ist nicht zu verlieren. Man übertrage die Ausführung nicht großen zusammengesetzten Kommissionen, frage nicht viele Behörden.[161]

Antworten geben sollten vielmehr Hardenberg und andere. Es brauchte, so suggerierten sie erfolgreich, entschlossene, systematisch-vernünftig – in ihren Worten: »philosophisch« – denkende Staatsmänner, um das große Werk anzugehen: »Also eine Revolution im guten Sinn, gerade hinführend zu dem großen Zwecke der Veredelung der

Menschheit, durch Weisheit der Regierung und nicht durch gewaltsame Impulsion von innen oder außen, das ist unser Ziel, unser leitendes Prinzip«.[162]

Zeitgenossen beschäftigte auch andernorts nicht nur, wie die zu erstrebende neue Verfassung eigentlich aussehen solle, sondern zugleich, wem diese Aufgabe anzuvertrauen sei. Was drohte, wenn die falschen Akteure nunmehr Verfassungen entwarfen, skizzierten insbesondere traditionsbewusste Beobachter in Großbritannien – das über keine geschriebene Konstitution verfügte, dafür aber über ein weithin als jahrhundertelang bewährt erachtetes Ensemble vieler einzelner Konstitutionen. Der Karikaturist James Gillray setzte im Jahr 1800 abwehrend Napoleon, Cambacérès, Lebrun und den Abbé Sieyès in Szene, die sich eine Verfassung nach ihrem eigenen, offenkundig schlechten Geschmack zusammensuchten – Verwissenschaftlichung nur oberflächlich simulierend, Vergemeinschaftung nur unter Verbrechervisagen betreibend. Gillrays Zeichnung, die aus Verfassungshelden gemeine Volksverächter machte, atmete den Geist Edmund Burkes, der schon zehn Jahre zuvor allzu gewagte Veränderungsprojekte kritisiert hatte: »We are not the converts of Rousseau; we are not the disciples of Voltaire; Helvétius has made no progress amongst us. Atheists are not our preachers; madmen are not our lawgivers.«[163] Freilich bestand die Pointe Burkes nicht etwa darin, einen Gesetzgeber per se abzulehnen, sondern vielmehr darin, ihm spezifische Qualifikationen der Empfindsamkeit zuzuschreiben:

> The true lawgiver ought to have an heart full of sensibility. He ought to love and respect his kind, and to fear himself. It may be allowed to his temperament to catch his ultimate object with an intuitive glance; but his movements towards it ought to be deliberate. Political

Abb. 14: James Gillrays Karikatur aus dem Jahre 1800 ließ keine Heldenstimmung aufkommen. Sie zeigt Régis de Cambacérès, Charles-François Lebrun und Napoleon Bonaparte beim Verfassungsgeben – mithilfe des Abbé Sieyès, der in einem Regal nach vorbildhaften Konstitutionen stöbert: sortiert nach wenig heroischen Kategorien wie »Parade«, »Sang«, »Foutre«, »Despotism«, »Voleur«.

> arrangement, as it is a work for social ends, is to be only wrought by social means. There mind must conspire with mind. Time is required to produce that union of minds which alone can produce all the good we aim at. Our patience will atchieve more than our force.[164]

Auf seine Weise zeigte sich Burke gleichfalls wesentlichen Forderungen verpflichtet, die im Zeitalter der Revolution von vielen Seiten an Verfassungsgeber gerichtet wurden. Die Konstitution sollte der noch so wohlwollenden Willkür Einzelner entzogen werden, zudem sollte über ihre Ausgestaltung in besonnener, methodisch abwägender Beratung entschieden werden. Vernünftig war es freilich bei Burke für alle, dabei nicht allzu vernünftig sein zu wollen und in gelehrter Skrupulosität gerade keine großen Veränderungsambitionen zu hegen:

> I have never yet seen any plan which has not been mended by the observations of those who were much inferior in understanding to the person who took the lead in the business. By a slow but well-sustained progress, the effect of each step is watched; the good or ill success of the first, gives light to us in the second; and so, from light to light, we are conducted with safety through the whole series. We see, that the parts of the system do not clash. The evils latent in the most promising contrivances are provided for as they arise. One advantage is as little as possible sacrificed to another. We compensate, we reconcile, we balance.

Burke waren jene zeitgenössischen Heroisierungen suspekt, die – vor allem in Frankreich – ambitionierte Neuordnungsprojekte gerne auch in Parallele zum Handeln antiker Gesetzgeber setzten. Stattdessen predigte er Zurückhaltung und pries diejenigen, die auf den großen, neuen Wurf zu verzichten verstanden:

> It is from this view of things that the best legislators have been often satisfied with the establishment of some sure, solid, and ruling principle in government; a power like that which some of the philosophers have called a plastic nature; and having fixed the principle, they have left it afterwards to its own operation.[165]

Aufklärerischer Gestaltungsehrgeiz gelangte hier an Grenzen: Allzu ambitioniert sollte dieser Gesetzgeber tunlichst nicht sein. Seine Verpflichtung bestand darin, sich zu bescheiden – er war gebunden nicht allein an Verfahren und Naturrecht, sondern auch an die Geschichte. Das Gesetz sollte regieren, nicht ein anmaßender Gesetzgeber.

6 Der vereinnahmte Gesetzgeber: Autorität im Kollektiv

Edmund Burke war keineswegs der Einzige, der zwar der Vernunft vertraute, aber groß angelegten gesetzgeberischen Erneuerungsprojekten in deren vermeintlichem Namen misstraute. Auch Goethe zog ähnliche Schlussfolgerungen aus den konstitutionellen Wirren der Revolutionszeit: »Gesetzgeber oder Revolutionärs, die Gleichsein und Freiheit zugleich versprechen, sind Phantasten oder Charlatans.«[166] Solche Aperçus resultierten teils aus Entsetzen, teils transportierten sie Ernüchterung oder auch die Erkenntnis, dass man große Gesetzgeber zwar rhetorisch vereinnahmen konnte, sie aber in der Wirklichkeit nicht erwarten durfte. Als Georg Friedrich Wilhelm Hegel seine *Vorlesungen über die Geschichte der Philosophie* hielt, postulierte er: »Heutzutage kann es keine Gesetzgeber geben; die gesetzlichen Einrichtungen, rechtlichen Verhältnisse sind in neuerer Zeit immer schon vorhanden.«[167]

Legislatorische Neugründungsmythen entlang einzelner Heldengeschichten waren im 19. Jahrhundert kaum mehr glaubwürdig zu erzählen, wie Hegel nur zu gut wusste. Doch als Vollender des Weltgeistes taugten ihm Gesetzgeber weiterhin. Friedrich dem Großen konnte er rühmend zugutehalten, dass er – ebenso wie später Napoleon – Gesetze gemäß dem Stand der historischen Entwicklung und der Umstände gegeben habe; selbst Gesetzgeberhelden erwiesen sich als fremdbestimmte Agenten des Fortschritts. Friedrichs historische Größe sah Hegel nicht in siegreichen Schlachten, sondern in der Rechtssetzung: »Sein unsterbliches Werk ist ein einheimisches Gesetzbuch, das Landrecht«.[168]

Idealisierte Gesetzgeber der Antike fügten sich kaum noch in eine neue zeitgenössische Realität, in der gesetzgebende Kollektive dominierten. Ein gewisser Bedarf an Pathos aller-

Abb. 15: König Ludwig XVIII. von Frankreich pflegte ein Pathos der Souveränität, ausgemünzt in vielen Medaillen. Auf einer gewährte er huldvoll vom Thron herab die Charte Constitutionelle, auf einer anderen war er als Gesetzgeber profiliert, der mit einer auf ewige Zeit gültigen Verfassung Wohlstand bringe. Aber seine Inszenierung belegt bei allem heroischen Gestus auch seine Bindung an das, was selbst überzeugte Monarchisten als einen Volkswillen zu respektieren hatten, den man unmöglich ignorieren konnte: »Keine Bestimmung der Verfassung« werde geändert werden, so versprach der Herrscher seinem Volk auf der hier abgebildeten Medaille.

dings ließ sie weiterhin attraktiv bleiben. Gerade in der Umbruchszeit versprachen einzelne Helden das nötige Maß an Stabilität: auch in Gestalt neuer Gesetze, Verfassungen insbesondere. Der Appell der Aufklärung hallte mittelbar nach. Für Frankreich wie für die deutschen Staaten erteilte der Wiener Kongress einen unmittelbaren konstitutionellen Imperativ. Damit die Restauration der Bourbonen nicht gleich die nächste Revolution provoziere, sollte Ludwig XVIII. vor seiner Thronbesteigung eine konsensfähige Verfassung verkünden; den Staaten des deutschen Bundes wiederum oblag es ebenfalls zur Vermeidung weiterer Umstürze, nunmehr »landständische Verfassungen« einzurichten. So bestimmt diese Pflicht war, so unbestimmt blieben die zentralen Fragen, welcher Art die Verfassungen sein sollten, und vor allem, wem das Recht eigentlich zustehe, sie zu etablieren.

Rasch geriet zum entscheidenden Streitpunkt, wer Verfassungen geben könne respektive dürfe – gewiss auch im

Gefühl, dass bereits im Anschein der Autorisierung zu Gesetzgebungsakten heroischer Glanz aufleuchten müsse. Es war mehr eine Verzweiflungstat als ein souveräner Akt, wenn Ludwig XVIII. sogleich Münzen mit dem feierlichen Schwur ausprägen ließ, dass an der von ihm gegebenen Verfassung buchstäblich kein Satz mehr geändert werde. Aus dem offensiv vorgetragenen Vermächtnis, das Genie des Gesetzgebers bürge für die Dauerhaftigkeit seiner Gesetze, wurde das defensive Versprechen, den Rahmen des politischen Systems nicht mehr zu veschieben. Erzählten alte Gesetzgebergeschichten von Stärke, symbolisierte diese Medaille eher die Schwäche eines Monarchen, der seinen Untertanen garantieren musste, die konstitutionell besiegelte Machtteilung nicht wieder aufzuheben.

Zeitgenossen verstanden genau die konkurrierenden Machtansprüche, die mit der Urheberschaft von Verfassungen und Gesetzen verbunden waren. »Gesetzgeber (legislator) weltlicher, der, wenn er gleich selbst Pflichten hat, durch ein Gesetz gebietet«, so definierte der Schriftsteller Gottfried Immanuel Wenzel im Jahre 1806.[169] Für die Zeitgenossen war dieser Zusammenhang evident, sie achteten genau auf die Autorität, die das Gesetzgeben ausdrückte respektive mehrte. Die französische Charte Constitutionelle (1814) band in ihren Bestimmungen den König eng an die Verfassung, in ihrer Präambel freilich die Verfassung eng an den König. »Wir, Ludwig von Gottes Gnaden König von Frankreich und Navarra«, so lautete diese Konstitution an, um sogleich an die »göttliche Vorsehung« zu appellieren. Bemerkenswerte Konzessionen machte der Monarch gleichwohl, indem er die revolutionären Entwicklungen keineswegs verdammte, sondern eine gemeinsame Kontinuitätslinie anzeichnete:

> Wir glauben nun auch, nach dem Beispiele der Könige Unserer Vorfahren, die Wirkungen der immer zuneh-

> menden Aufklärung, die neuen Verhältnisse, welche diese Fortschritte in der bürgerlichen Gesellschaft hervorgebracht haben, die dem menschlichen Geiste seit einem halben Jahrhunderte dadurch gegebene Richtung, und die tief greifenden Veränderungen, welche daraus hervorgegangen sind, würdigen zu müssen.

Konzessionen machte er in der Sache durchaus, nicht aber im Gestus der alleinigen gesetzgeberischen Autorität. Fast trotzig mutet an, wie sich Ludwig XVIII. als souveräner Gesetzgeber darzustellen suchte:

> Aus diesen Gründen haben Wir freiwillig und in freier Ausübung unserer königlichen Gewalt sowohl für Uns, als für Unsere Nachfolger, auf ewige Zeiten Unsern Unterthanen diese Verfassungsurkunde, so wie sie hier folgt, zugestanden, übergeben und bewilligt.[170]

Der König ließ diese Haltung auch ausprägen, etwa in einer Medaille aus dem Jahre 1815, die seine Selbstheroisierung als Verfassungsgeber an »Religion, Frieden und Wohlstand« band. Auf dieser breiten Basis gelang ein Ausgleich zwischen alten und neuen Eliten, den indes der radikale Royalismus seines Bruders und Nachfolgers Karl X. ab dem Jahre 1824 erschütterte. Er setzte selbst die Genese der Verfassung autokratisch in Szene, zugunsten eines unbedingten monarchischen Souveränitätsanspruches. Beim Maler Merry-Joseph Blondel gab Karl X. ausgerechnet für einen Saal des Staatsrats im Louvre ein Gemälde in Auftrag, das rückblickend die Heldentat der Verfassungsgabe zu monopolisieren suchte. Hatte Ludwig XVIII. in der bereits zitierten Präambel noch betont, dass sich zum Zwecke des Entwurfs einer guten Verfassung mit Mitgliedern seines Rates auch »weise Männer aus den ersten Staatskörpern vereinigt« hätten, so bildete Blondel den verstorbenen König im Jahre 1827 als entrückten Herrscher ab, der seine »Charte« von oben herab erlassen habe: aus himmlischen Sphären.

Doch diesen Versuch, das Rad der Geschichte auch im Erzählen von Gesetzgeber-Geschichten zurückzudrehen, blockierte bald die Julirevolution des Jahres 1830. Nun wurde die Charte in wenigen Punkten verändert, vor allem ihre Präambel bekam eine neue Ausrichtung. Statt eines pathetischen Appells an die Person eines Verfassungsgebers stand dort nunmehr die pragmatische – und der Frage nach der eigentlichen Autorität hinter der erneuerten Konstitution elegant ausweichende – Notiz:

> Ludwig Philipp, König der Franzosen. Allen Gegenwärtigen und Künftigen Unsern Gruß. Wir haben befohlen und befehlen, dass die Charte Constitutionelle von 1814, so wie sie durch die beiden Kammern am 7. August ergänzt und von Uns am 9. angenommen wurde, aufs Neue in nachfolgender Fassung veröffentlicht werde.[171]

Dieses heroische Vakuum entsprach dem Patt, das nun zwischen dem Monarchen und den beiden Parlamentskammern bestand. Autoritätszuweisungen an spezifische, vielfach zugleich heroisierte Gesetzgeber waren also selbst ein wesentliches Mittel der politischen Auseinandersetzung, sie wurden in Verfassungen eingeschrieben und auch in Stein gemeißelt. In Karlsruhe entstand in den Jahren 1822 bis 1827 auf einer der Hauptachsen hin zum Schloss die Verfassungssäule. Ursprünglich sollte sie ein badisches Machtsymbol werden – aber nach dem Tod des eher reaktionären Großherzogs Ludwig I. von Baden erfuhr sie eine Umwidmung. Nun heroisierte sie dessen Vorgänger, Großherzog Carl, der eine überaus liberale Konstitution erlassen hatte:

Abb. 16: Eine Gegenerzählung zur revolutionären Ikonographie, die Verfassungen als Werk mehr oder minder demokratischer Versammlungen darstellte, gab der französische König Karl X. in Auftrag. Merry-Joseph Blondel stellte dieses Gemälde für das Senatsgebäude im Jahre 1827 fertig – es zeigt Karls älteren Bruder Ludwig XVIII., der hier nach langen Jahren im erzwungenen Exil eine Verfassung für sein Volk zu geben geruht: ein heroischer Verfassungsgeber von Gottes Gnaden.

Von dem aufrichtigsten Wunsche durchdrungen, die Bande des Vertrauens zwischen Uns und Unserm Volke immer fester zu knüpfen, und auf dem Wege, den Wir hierdurch bahnen, alle Unsre Staats-Einrichtungen zu einer höhern Vollkommenheit zu bringen, haben Wir nachstehende Verfassungsurkunde gegeben, und versprechen feierlich für Uns und Unsre Nachfolger, sie treulich und gewissenhaft zu halten und halten zu lassen,[172] so argumentierte die Präambel. Derlei griff man in Karlsruhe anno 1832 auf und trug Monarchiekritik im eigenartigen Gewand des Monarchenlobes vor. Seither rühmt eine auf der Säule angebrachte Inschrift »CARL / GROSHERZOG VON BADEN« und widmet das Monument »DEM GRUENDER DER / VERFASSUNG / DIE DANKBARE STADT / CARLSRUHE«.[173] In eben dieser Zeit entstand in München ein von Christian Daniel Rauch konzipiertes klassizistisches Denkmal des ersten bayerischen Königs Maximilian I. Joseph – auf einem der vier Sockelreliefs dargestellt als Verfassungsgeber, der im Jahre 1818 eine ebenfalls liberale Konstitution erlassen hatte. Darauf überreicht der König einer devot niederknienden Bavaria die Verfassung, in Anwesenheit eines Bauern, eines Bürgers und eines Edelmannes, die allegorisch die Gesamtheit der Bevölkerung repräsentieren sollten.

Nicht nur in Kunstwerken finden sich einschlägige Heroisierungen, sondern auch in der politischen Auseinandersetzung selbst. In Bayern verfing die Erzählung vom fürsorglich eine Verfassung stiftenden König durchaus, ohne dass sie unbestritten gewesen wäre. So wandte der Abgeordnete Schwindel in der Parlamentssitzung vom 6. Dezember 1831 ein:

> König Max hat die Verfassung gegeben. Ich erkenne es dankbar mit allen patriotischen Männern an. Er hat den unberechenbaren Fehler wieder gut gemacht, den Fehler, daß er früher die bayerische landständische Verfassung zerstörte und alle Freyheiten der Stände, anstatt zu reformiren und zu begründen, dictatorisch verwarf.[174]

Klauseln wie die letztere hatten auch Konjunktur im dritten unter den frühkonstitutionellen süddeutschen Staaten – im Königreich Württemberg. Dort eskalierte im Jahre 1815 ein königlicher Verfassungsoktroi. Vehemente öffentliche Gegenwehr kam auf, das Parlament lehnte die recht liberale Konstitution Friedrichs I. sogar mit großer Mehrheit ab, ebenso einen weiteren Verfassungsentwurf, den sein Sohn Wilhelm I. im Jahre 1817 vorlegte. Erst im Jahre 1819 erhielt eine dritte Verfassung die notwendige parlamentarische Zustimmung. In Württemberg hatte sich eine kuriose Koalition gegen den König zusammengefunden, die eine Wiederherstellung der ›alten‹ Verfassung forderte: ausgehöhlt in den Jahren zwischen 1803 und 1805, abgeschafft schließlich in einem Staatsstreich von oben. Gegen Friedrichs I. Politik wehrten sich nunmehr zahlreiche der einst reichsunmittelbaren, nun zu württembergischen Untertanen herabgewürdigten Standesherren und Angehörige der altwürttembergischen Ehrbarkeit, deren einstige Macht im massiv vergrößerten Staat zerbröckelt war.

Letzterer entstammte der junge Jurist Ludwig Uhland, der zuvor vergeblich um eine Stelle im Staatsdienst nachgesucht hatte. Unversehens wurde er nun zum poetischen Sprachrohr einer großen Opposition, die sich auf das ›alte, gute Recht‹ berief. Bisweilen wurde Uhland selbst heroisiert, vor allem aber suchte er seine Helden und fand sie auch. So wandte er sich *An die Volksvertreter*, die sich für eine andere Verfassung aussprachen als die vom König vorgelegte:

Schaffet fort am guten Werke
Mit Besonnenheit und Stärke!
Laßt euch nicht das Lob bethören,
Laßt euch nicht den Tadel stören!
Tadeln euch die Ueberweisen,
Die um eigne Sonnen kreisen:
Haltest fester nur am ächten,
Alt-erprobten einfach Rechten![175]

Uhland wagte es gar, zum zweiten Jubiläum der Leipziger Völkerschlacht den Sieg über Napoleon mit einem konstitutionellen Imperativ für Württemberg zu verbinden – und richtete einen heroischen Appell an sein Publikum:

So wirkt auch Ihr im festen Bunde,
Ihr guten Hüter unsres Rechts!
Ihr bauet auf dem alten Grunde
Das Heil des künftigen Geschlechts
Uneingedenk gemeinen Lohnes
Seyd Ihr beharrlich, emsig, treu,
Des Volkes Würde, wie des Thrones,
Beachtet Ihr mit heil'ger Scheu.
Drum da wir heut das Fest begehen,
Dem tausend Freudenfeuer sprühn,
Und wo sie nicht von Bergen wehen,
Doch tief in allen Herzen glühn.
Was kann so edlen Schmuck gewähren,
Dem Mahle, das uns hier vereint?
Als Einen Mann bei uns zu ehren,
Der's so getreulich mit uns meint.[176]

Hier heroisierte Uhland den Stuttgarter Bürgermeister Heinrich Immanuel Klüpfel, seinerzeit Anführer der Opposition gegen das königliche Verfassungsprojekt. Auch weniger qualifizierte Poeten verehrten die renitenten Abgeordneten und verteidigten diese Biedermänner gegen den pseudo-konstitutionellen königlichen Brandstifter:

Ja dankbar nahen wir euch,
biedre VolksVertreter,
die ihr gehuldigt dem, was jener Edle that,

und muthig fordertet das heil'ge Recht der Väter,
und stolz verachtetet den einz[i]gen Verräter,
der nur aus Gnaden lebt, kein Recht zu Rechten hat.[177]

So wenig auch die königliche Partei zunächst dagegen ausrichten konnte, die Mechanismen erkannte sie klar. Der junge Karrierebeamte Eugen von Maucler mokierte sich über den »Gott des Tages« – zu dem sich Graf Waldeck, seinerzeit ein Wortführer der Opposition, aufgeschwungen habe.[178] Ganz offenkundig achteten die Akteure darauf, jeweils gerade keinen anschlussfähigen Helden auf der Gegenseite aufkommen zu lassen. Der Streit um die Verfassung bedeutete nicht nur in Württemberg auch einen Streit darüber, wem die Autorität ihrer Schaffung und Inkraftsetzung zukomme. Monarchische Autorität litt im Übrigen auch dort, wo keine Verfassung entstand. Der preußische König Friedrich Wilhelm III. ließ sich leicht als gesetzgeberischer Maulheld denunzieren, indem er seinen diversen Verfassungsversprechen der Jahre 1810 bis 1821 gerade keine Konstitution folgen ließ. Zeitgenossen aber leiteten die Geltung einer Verfassung immer mehr von ihrer Genese ab – und vom damit verbundenen Heldenmut: Hier kehrte ein Gründungscharisma wieder, das schon Harringtons Erzählung und viele ältere kultiviert hatten.

Geradezu einen Musterfall dieses Zusammenhangs stellt das Beispiel Belgiens dar, das sich im Jahre 1830 von der ungeliebten Zugehörigkeit zum Königreich der Niederlande löste: mit einem erfolgreichen Aufstand, der rasch in den Verfassungsgebungsprozess einer unabhängigen belgischen Nation mündete. Inhaltlich knüpfte die belgische Konstituante durchaus an die bestehende Verfassung der verhassten Niederlande an, erweiterte indes insbesondere deren Grundrechtsteil in einem solchen Ausmaß, dass die belgische Verfassung des Jahres 1831 für viele Jahrzehnte international als liberale Musterverfassung galt. Entscheidend war freilich, dass sie von einem König gar nicht gegeben werden konnte: Einen solchen wählte das Parlament erst, nachdem die Verfassung in Kraft getreten war, nämlich Leopold von Sachsen-Coburg und Gotha.

Wie sehr dieser konstitutionelle Gründungsakt erinnerungspolitisch gepflegt werden sollte, lässt sich an der Brüsseler Kongress-Säule zeigen. Errichtet wurde sie in den 1850er-Jahren, und zwar auf einem Platz hoch über der Stadt, mithin hoch auch über dem königlichen Palast. Zwar wurde pflichtschuldig eine Statue Leopolds I. auf die Säule gesetzt, aber kolossal war eher das Fundament ausgelegt: mit vier Statuen, die allegorisch wesentliche Freiheiten der Verfassung – Versammlungsfreiheit, Religionsfreiheit, Pressefreiheit und Freiheit der Erziehung – verkörperten, ganz im Sinne des Parlaments, das dieses Denkmal in Auftrag gegeben hatte. Seitenreliefs zeigten wichtige Auszüge aus der Verfassung selbst, listeten die wesentlichen Ereignisse der Unabhängigkeitsgeschichte auf, vor allem aber nannten sie die Mitglieder der ersten, provisorischen Regierung und sämtliche Abgeordnete der Konstituante namentlich.

Die Säule heroisierte nicht den Monarchen, sondern die Parlamentarier als Kollektiv. Wenige Jahre später errichteten die Belgier ein noch eindrucksvolleres monumentales Bauwerk direkt daneben: den riesigen Justizpalast, der sich über die ganze Stadt erhebt und die Herrschaft des Rechts in Belgien symbolisieren sollte – immerhin tagten dort Gerichte mit Geschworenen, also demokratisch bestimmten Laienrichtern. Zum Statuenprogramm gehörte es, an den beiden imposanten Treppenaufgängen prominente Gesetzgeber aus der Antike zu platzieren. Der *Baedeker*, dem der Justizpalast als »der grösste Monumentalbau unseres Jahrhunderts«[179] galt, würdigte die Figurengruppe mit besonderer Aufmerksamkeit: »An der Freitreppe in der Vorhalle bemerkt man am r. Aufgang die Kolossalstatuen des Demosthenes und des Lykurgos von *A. Cattier* (1882), am l. Aufgang diejenigen des Cicero und des Domitius Ulpianus von *Ant. Fél. Bouré* (1883).«[180] Auch dem Reiseführer schien bemerkenswert, wie hier neben zwei Rednern zwei Gesetzgeber als Urväter einer bürgerlichen Staats- und Gesellschaftsform beansprucht wurden.

Das Brüsseler Ensemble verabsolutierte eine kollektive Verehrung demokratischer Gesetzgeber, indem es sämtliche Mitglieder des Verfassungskonvents persönlich würdigte, ohne einzelne hervorzuheben. Mit einer solchen Gedenkpraxis blieb es fast singulär. Die meisten anderen einschlägigen Darstellungen von Plenarversammlungen beispielsweise heben eher spezifische Akteure hervor. So setzte John Trumbull in seinem berühmtem Gemälde der Unabhängigkeitserklärung (1819), die ja zugleich einen konstitutionellen Gehalt hatte, Thomas Jefferson, John Adams, Roger Sherman, Robert R. Livingston und Benjamin Franklin prominent in Szene; noch Howard Chandler Christys *Scene at the Signing of the Constitution of the United States* aus dem Jahre 1940 verlieh dem späteren Präsidenten und dem Sekretär des Verfassungskonvents, George Washington und William Jackson, eine besondere Sichtbarkeit.

Ohnehin ist gerade in den Vereinigten Staaten zu beobachten, wie die anfänglich so pathetisch als Kollektivleistung gepriesene Verfassung aus dem Jahre 1787 später mit der Autorität einzelner Akteure überschrieben wurde. Im Laufe des 19. Jahrhunderts assoziierte man die Konstitution immer mehr insbesondere mit George Washington als dem Gründungshelden der Vereinigten Staaten.[181] Zwischenzeitlich aufgekommene Sorgen von der ›Tyrannei der Mehrheit‹, wie sie Alexis de Tocqueville angezeichnet

Abb. 17: Zum Centennium der Verfassung der Vereinigten Staaten von Amerika im Jahre 1887 entstand diese Gedenkmünze. Auf der einen Seite zeigt sie das Pennsylvania State House in Philadelphia, in dem anno 1787 der Verfassungskonvent getagt hatte – und auf der anderen Seite jenen Akteur, der längst nicht mehr als primus inter pares, sondern immer mehr als eigentlicher Verfassungsgeber heroisiert wurde: George Washington. Er wurde als Held einer Gegenwart vereinnahmt, die an der Weisheit des Kollektivs zu zweifeln begonnen hatte.

hatte, brachten das Kollektiv in Misskredit und ermöglichten eine Vereinnahmung des so weitsichtigen Washington. Medaillen zum Centennium im Jahre 1887 zeigen auf der einen Seite das Gebäude, in dem der Verfassungskonvent getagt hatte, auf der anderen allein ein Portrait Washingtons: des Mannes, an den man appellieren könne, um die Gräben des noch sehr präsenten Bürgerkriegs wieder zu schließen. Die Verehrung eines verfassungsgebenden Helden hatte nun die Funktion, die zerstrittene Gesellschaft auf eine Konsensfigur zu verpflichten. Zudem entstand in der Hauptstadt Washington D.C. seit 1848 das durchaus kontroverse, zunächst von Spenden finanzierte, ab dem Symboljahr 1876 aus Bundesmitteln bezahlte Washington Monument auf der National Mall. Längst wurde Washington als derjenige betrachtet, der durch seine Amtsführung just die Versprechungen eingelöst habe, die bei Schaffung der Verfassung gegeben worden waren. Wie es ein Artikel unter der Überschrift *Washington, the Patriot-Mason* deutete:

> No more Washingtons shall come in our time [...]. But his virtues are stamped on the heart of mankind. He who is great in the battlefield looks upward to the generalship of Washington. He who grows wise in counsel feels that he is imitating Washington. He who can resign power against the wishes of a people, has in his eye the bright example of Washington.[182]

Der Autor spielte hier mit einem alten Motiv, indem er Washington gewissermaßen als einen ersten Beweger der Verfassung würdigte, die danach automatisch ihren Gang habe gehen können: wie einst der Spartaner Lykurg und andere Vorbilder, die nach der Gesetzgebung ihre prominenten Rollen freiwillig aufgegeben hätten. Die Konjunktur des Kollektivs war offenkundig abgelaufen. Zunehmend hatte sich Skepsis gegenüber der Souveränität eines Volkes breitgemacht, in dem sich die erhoffte Bürgertugend leider nicht zu bewahrheiten schien, zumal die aufkommende Massenpresse die Idealvorstellung einer demokratischen Mitwirkung gebildeter, rational agierender Bürger an der Politik unterlief. Darum wirkte es attraktiv, selbst in einem demokratischen Gemeinwesen ausgerechnet wieder ein Individuum heroisch auszuzeichnen: Washington zum Helden zu verklären, konnte einen Modus bedeuten, subtile Kritik an jener Volkssouveränität zu üben, deren explizite Äußerung kaum sagbar gewesen wäre.

Ohnehin waren es stets spezifische Kontexte, die am Ende darüber bestimmten, welche Akteure auf welche Weise heroisiert wurden oder auch eben nicht. Ein instruktives Beispiel für den Umgang mit einstigen Verfassungsgebern stellt das Denkmal für die Verfassung von 1812 dar, das im spanischen Cádiz zwischen den Jahren 1912 und 1929 entstand. Zwei markante Leerstellen präsentieren sich dem Betrachter. Unterhalb der mittig platzierten Säule befindet sich, erstens, ein vakanter Thron; der Architekt Modesto López Otero und der Bildhauer Aniceto Marinas versetzten die Betrachter damit zurück in die Situation des Jahres 1812, in der die Cortes von Cádiz anstelle eines Königs handelten, warfen damit aber auch einen Blick auf ihre Gegenwart mit einem kaum handlungsfähigen Monarchen, Alfons XIII., der eine entschlossene Reformpolitik am Beginn des 20. Jahrhunderts nicht durchzusetzen vermochte. Das Monument insgesamt bildet, zweitens, ein parlamentarisches Halbrund, ohne indes nur ein Mitglied der damaligen Cortes zu erwähnen, geschweige denn abzubilden – wohl mit Rücksicht auf den Monarchen, dessen Funktion man erinnerungspolitisch nicht übermäßig bloßstellen wollte. Gerade diese künstlerische Ausnahme bestätigt gewissermaßen die Regel: Das Denkmal fällt deshalb so sehr auf, weil es keinen einzigen Akteur heroisiert. Derlei kann einen Mangel an Konsensnarrativen belegen, aber auch eine konstitutionelle Programmaussage bedeuten – nämlich die Einhaltung des Gleichheitsideals schon während des Prozesses der Verfassungsgabe.

Diese Leerstelle ist umso bemerkenswerter, als sie schon am Ende des 18. Jahrhunderts zu einer Sprechweise geraten war. Als Immanuel Kant in der *Metaphysik der Sitten* die Todesstrafe abhandelte, formulierte er aufschlussreich:

> Ich als Mitgesetzgeber, der das Strafgesetz dictirt, kann unmöglich dieselbe Person sein, die als Unterthan nach dem Gesetz bestraft wird; denn als ein solcher, nämlich als Verbrecher, kann ich unmöglich eine Stimme in der Gesetzgebung haben (der Gesetzgeber ist heilig).[183]

Kant wies den Gesetzgeber hier als nicht angreifbares Abstractum aus, wie es Zeitgenossen auch beim Blick auf gegenwärtige oder historische Gesetzgeber einübten; unter Juristen bürgerte es sich rasch ein, die ›*ratio legis*‹ mit der Gedankenfigur einer ›Absicht des Gesetzgebers‹ zu identifizieren. Bis heute eine wesentliche Argumentationsweise in der Ausurteilung, wird darin für die eigene Ausdeutung ein Gesetzgeber vereinnahmt. In diesem Sinne handelte etwa anno 1812 der Erlanger Professor Christian Friedrich Glück vom »eigentlich normirenden Willen des Gesetzgebers. Um also diesen richtig zu fassen, ist es nöthig in den Grund des Gesetzes einzugehen, und daraus die wahre Absicht des Gesetzgebers zu bestimmen.«[184] Inwiefern eine solche Betrachtungsweise des abstrahierten ›Gesetzgebers‹, dem man eine geschlossene Intention beilegte, rasch zu einem Argumentationsstandard in der Rechtspraxis wurde, ist an zahlreichen zeitgenössischen Beispielen ersichtlich.[185] Tatsächlich lässt sich feststellen:

> Was man in den Staaten des europäischen Kontinents seit dem 19. Jahrhundert unter ›Rechtsstaat‹ verstand, war in Wirklichkeit nur ein Gesetzgebungsstaat, und zwar der parlamentarische Gesetzgebungsstaat. Die überragende und zentrale Stellung des Parlaments beruhte darauf, daß es als ›gesetzgebende Körperschaft‹ diese Normierungen mit der ganzen Würde des Gesetzgebers, des ›législateur‹, aufstellte.[186]

Carl Schmitts pointierter Befund hilft, insbesondere zwei scheinbar gegenläufige Tendenzen zu erklären: die Wahrnehmung des ›Gesetzgebers‹ als entpersonalisierter kollektiver Akteur einerseits und individuelle, in höchstem Maße personalisierte Profilbildung durch Akte der Gesetzgebung andererseits. Beides gehört zusammen. Gerade weil Gesetzgebung von einem Sonderfall der Machtausübung zu ihrem Regelfall wurde, gerade weil sich aus dem gelegentlichen Erlassen von Gesetzeswerken in der Frühen Neuzeit das regel- und geschäftsmäßige Verabschieden vieler Gesetze in parlamentarischen und bürokratischen Routinen entwickelte, bedurfte es einer begrifflichen Anpassung. Dass Parlamente wiederum durch Wahlen ihre Zusammensetzung periodisch änderten, wird dazu beigetragen haben, dass Staatsphilosophie und Jurisprudenz zunehmend einen unpersönlichen ›Gesetzgeber‹ postulierten, dem sie eine spezifische, kohärente, andauernde und fortwirkende ›Absicht‹ unterstellten. Zugleich begannen Verfassungsgerichte, die Einlösung dieser postulierten Absicht zu kontrollieren, und schränkten so den Spielraum möglicher Gesetzgeber weiter ein.

Dieser Erwartung eines unantastbaren, kollektivierten Gesetzgebers, dessen Intention nicht auf den Willensentschluss einzelner Individuen im Parlament zurückzuführen war, entsprach im parlamentarischen Alltag die bisweilen mit Verfassungsrang garantierte Indemnität. Dass kein Abgeordneter für sein Abstimmungsverhalten oder für eine Gesetzesinitiative belangt werden durfte, schützte zwar nicht vor öffentlicher Kritik, aber immerhin vor strafrechtlicher Verfolgung – und schuf jedenfalls in manchen Staaten einen geschützten Raum, in dem (je nach Verfassung und den Initiativmöglichkeiten) ambitionierte Regierungen, Beamte und Abgeordnete besonderes Profil gewinnen konnten. Die Performanz des Gesetzgebens wurde zum Indikator für parlamentarische Leistung. Daraus ergab sich eine bisweilen kuriose Eigendynamik: Regierungskunst ließ sich an Quantität und Qualität – nichts fataler als die sogenannten ›handwerklichen Fehler‹ in Gesetzen – messen. Ein treffendes Beispiel dafür stellt die große britische Wahlrechtsreform des Jahres 1867 dar, mit der insbesondere Benjamin Disraeli als Gesetzgebungsheld hervortrat. Freilich ging es der Regierung dabei vornehmlich um den parlamentarischen Leistungsnachweis ihrer Handlungsfähigkeit.[187] Hier gereichte dann ein Gesetz fast beliebigen Inhalts zur Heldentat, wie sie noch in heutigen Parlamenten als erfolgreiches ›Durchbringen‹ verehrt werden kann.

Unterdessen rührte die Legitimation von Gesetzen immer mehr aus dem parlamentarischen Verfahren selbst – oder genauer: daraus, was auf seiner Bühne gezeigt wurde, denn die Vorgänge hinter den Kulissen tragen seither zum später oftmals Bismarck zugeschriebenen Bonmot bei, Gesetze seien wie Würste, man solle besser nicht dabei sein, wenn sie gemacht werden.[188] Dieser Wandel minderte die moderne Heroisierbarkeit charismatischer Gesetzgeber ebenso wie bürokratische Spezialisierung und Arbeitsteilung. Die noch bei Friedrich dem Großen plausible Fiktion, der Herrscher oder Regierungschef schreibe die Gesetze selbst, büßte jedwede Glaubwürdigkeit ein, während Gesetze selbst zunehmend von einer selbstbewussten, aber diskreten Beamtenschaft verfasst, in Expertenanhörungen beraten und in kaum sichtbaren Ausschusssitzungen diskutiert wurden. Wie wenig Spielraum für Heroismus dabei noch bleibt, zeigt am Ende das ›Strucksche Gesetz‹, das Erfahrungen aus vielen Jahrzehnten parlamentarischer Praxis bündelt: Als der damalige SPD-Fraktionsvorsitzende Peter Struck im Jahre 1999 bekundete, kein Gesetzesentwurf verlasse den Bundestag so, wie er hineingekommen sei, legte er einen solchen Mechanismus offen – und eben auch, wie sich beim Gesetzgeben noch Distinktionsgewinne erzielen lassen, nämlich im heroischen Gestus des Rebellen, der sich der Fraktionsdisziplin entzieht.

Zugleich kann die daraus resultierende Anonymität des modernen Gesetzgebers als Programmaussage gelten. Als Reichskunstwart Edwin Redslob in den 1920er-Jahren die

Abb. 18: Konrad Klapheck gestaltete anno 1969 diesen *Gesetzgeber*: in Gestalt einer kolossalen Schreibmaschine, die Legislation als großes, anonymes, registrierkassenähnliches Maschinenwerk erscheinen lässt – passend zur komplexen Verfahrensmechanik von Gesetzgebung in der Moderne. Für den Künstler spiegelten sich darin gleichwohl alte Bilder: ein Thronsessel als Ganzes, mit einem szepterähnlichen Hebel, die Bedeutung der Persönlichkeiten eines Herrschers anzeigend, »so wie der alte Hammurabi oder Moses persönlich«.[189]

Verfassungstage der Weimarer Republik inszenierte, rückte er nicht die Mitglieder der Verfassungsgebenden Nationalversammlung oder wichtige Autoren größerer Verfassungsteile wie Hugo Preuß in den Vordergrund, sondern die Verbindung zwischen Volk und Parlament: performativ, etwa durch eine Öffnung des Reichstags für Besucher. Besondere Umstände wiederum erklären, warum die ›Väter des Grundgesetzes‹, erst später apostrophiert als die ›Väter und Mütter des Grundgesetzes‹, jedenfalls kaum in ihrer Eigenschaft als Mitglieder des Parlamentarischen Rates zu langfristiger Prominenz gelangten: Es sollte sich eben um keine dauerhafte Verfassung handeln, sondern um ein Provisorium, das äußerstenfalls diskreten Heroismus duldete. Für das *Neue Deutschland*, das Organ der SED, schien es nach der Verabschiedung des Grundgesetzes durch den Parlamentarischen Rat am 8. Mai 1949 nicht einmal lohnenswert, einzelne Politiker zu deheroisieren: Die ostdeutschen Propagandisten beschränkten sich darauf, ein »Trauerspiel« zu beklagen, »daß Deutsche vierzehn Tage vor dem Zusammentreten der Außenministerkonferenz in Paris sich beeilen, für eine endgültige Aufspaltung Deutschlands vollendete Tatsachen zu schaffen«.[190] Als dann auch die Verfassung im Osten vorlag, diente die Abwertung derjenigen des Westens zur Profilierung:

> Aber geradezu ein Schandfleck der deutschen Geschichte wird einmal das Kapitel des sogenannten Bonner Grundgesetzes sein. Es ist keine Verfassung, geschweige denn eine deutsche Verfassung, es ist nichts anderes als ein Anhängsel, ein Beiwerk zum Besatzungsstatut [...]. Der deutsche Volksrat, der aus der großen Bewegung für Einheit und gerechten Frieden hervorgegangen ist, konnte naturgemäß einen Weg der Schande und Entmündigung des deutschen Volkes nicht gehen. Die von ihm vorgelegte und beschlossene Verfassung mußte eine wahrhaft demokratische Verfassung sein und ist es.[191]

Der Bonner Gesetzgeber hatte seine Souveränität aus dieser Sicht aufgegeben, sein ihn autorisierendes Volk verraten.

So sehr sich Westen und Osten auch gegeneinander abgrenzten, eines verband sie. Auf beiden Seiten des Eisernen Vorhangs wurde der Verfassungsgeber auf frappierend analoge Weise re-mystifiziert: nicht in Gestalt herausragender Individuen, sondern als Kollektiv. Die Präambeln des Grundgesetzes und der DDR-Verfassung betonten jeweils unisono, dass »das Deutsche Volk in den Ländern [...] dieses Grundgesetz der Bundesrepublik Deutschland beschlossen hat« beziehungsweise »sich das deutsche Volk diese Verfassung gegeben« habe – so wie schon die Weimarer Verfassung mit dem Anspruch formuliert gewesen war:

> Das Deutsche Volk, einig in seinen Stämmen und von dem Willen beseelt, sein Reich in Freiheit und Gerechtigkeit zu erneuern und zu festigen, dem inneren und dem äußeren Frieden zu dienen und den gesellschaftlichen Fortschritt zu fördern, hat sich diese Verfassung gegeben.[192]

Nicht konkrete Individuen, nicht eine bestimmte Versammlung, sondern ein postuliertes Volk selbst wurde hier zum heroischen Gesetzgeber-Kollektiv, das gegen alle Widerstände eine Konstitution geschaffen habe; der Kunstgriff einer fiktionalen Einmütigkeit sollte Legitimität verbürgen.[193] Dieses Narrativ behielt seine Bedeutung, indem es sich wandelte und nicht mehr einem Individuum wie Lykurg, sondern einem Kollektiv autoritativ zugeschrieben wurde. Was blieb, war freilich eine Ewigkeitsverpflichtung: Mit Artikel 79, Absatz 3, bindet das Grundgesetz alle künftigen deutschen Verfassungen an den Föderalismus sowie die Artikel 1 und 20. Diese Ewigkeitsklausel lässt sich als späte Reprise der Erzählung verstehen, wie Lykurg und andere ihre Gesetze unverfügbar werden lassen und die jeweilige Gesellschaft auf alle Zeiten an die einmal gegebenen Regeln binden.

Weder eine Ewigkeitsklausel noch die hier so entscheidende Wendung ins Kollektive sind spezifisch deutsche Phänomene. Schon die amerikanische Verfassung hatte eine Präzedenz gesetzt. Thomas Jefferson wandte sich im Pathos der Volkssouveränität gegen das Ansinnen, eine Verfassung auf Dauer verfassen zu wollen: Die Frage, »[w]hether one generation of men has a right to bind another«, beantwortete er in einem Brief vom 6. September 1789 an Madison ausgerechnet aus dem revolutionären Paris entschieden negativ, »then the earth would belong to the dead & not the living generation«. Er zog ein radikales Fazit: »Every constitution then, & every law, naturally expires at the end of 19 years. If it be enforced longer, it is an act of force, & not of right.«[194] Jefferson nahm die amerikanische Verfassung, an deren Entwurf er als amerikanischer Botschafter in Paris nicht mitgearbeitet hatte, bei ihren ersten Worten: »We the People« wurde zu einer später vielfach befolgten Präzedenz. Bei allem Kult insbesondere um George Washington lässt sich im 20. Jahrhundert dennoch eine gegenläufige Wendung hin zur Verehrung kollektiver Helden fassen. Warren G. Harding, der mit einer isolationistischen Programmatik den Präsidentschaftswahlkampf des Jahres 1920 gewonnen hatte, schlug in seiner Inaugurationsrede am 4. März des Jahres 1921 den Bogen zurück in die Gründungszeit der Vereinigten Staaten und prägte eine seither kanonisch gewordene, mythisierende Formulierung:

> Standing in this presence, mindful of the solemnity of this occasion, feeling the emotions which no one may know until he senses the great weight of responsibility for himself, I must utter my belief in the divine inspiration of the founding fathers. Surely there must have been God's intent in the making of this new-world Republic.[195]

Als Ronald Reagan sechzig Jahre später dasselbe Amt antrat, erfüllte die Heroisierung der mythisch beschworenen ›Gründerväter‹ neuerlich eine rhetorische Funktion – sie sollte den Amerikanern wieder Mut einflößen. Reagan bezog sich gerade auf einen der unbekannteren:

> On the eve of our struggle for independence a man who might have been one of the greatest among the Founding Fathers, Dr. Joseph Warren, president of the Massachusetts Congress, said to his fellow Americans, ›Our country is in danger, but not to be despaired of .... On you depend the fortunes of America. You are to decide the important questions upon which rests the happiness and the liberty of millions yet unborn. Act worthy of yourselves.‹ Well, I believe we, the Americans of today, are ready to act worthy of ourselves, ready to do what must be done to ensure happiness and liberty for ourselves, our children, and our children's children.[196]

Mit den Gründungsvätern heroisierte Reagan sein Publikum und sich selbst, die Autorität für sein eigenes gesetzgeberisches Erneuerungsprogramm leitete er aus der Frühzeit der Vereinigten Staaten ab: gewendet ins Kollektiv. Das war historischer gedacht, als man meinen könnte. Tatsächlich lässt sich eine spezifische amerikanische Begeisterung für parlamentarische Gesetzgebung bis in die Frühzeit der staatlichen Unabhängigkeit zurückführen, und zwar gerade auf der Ebene der Bundesstaaten, in denen seit dem Jahre 1776 in rascher Abfolge zahlreiche Gesetze geschaffen wurden, um britische zu ersetzen.[197] So bewies der neue Volkssouverän seine Autorität und Handlungsmacht.

7 Gesetzgeber Wissenschaft? Mandate für Expertokraten

Die Erwartungen, die Zeitgenossen seit der Aufklärung an den Gesetzgeber stellten, fächerten sich rasch auf. Bereits im Konstitutionalismus des frühen 19. Jahrhunderts verschaffte Gesetzen einerseits ihre formale Geltung, dass der demokratische Souverän daran kollektiv beteiligt sein sollte; andererseits bezogen sie ihre inhaltliche Legitimität zunehmend aus der individuellen Expertise derjenigen, die an immer komplexeren Gesetzgebungsverfahren in modernen Staaten mitwirkten. Darin hallten zwei aufklärerische Kernforderungen nach: eine emanzipatorische und eine gegenläufige nach besonderer Sach- und Methodenkenntnis, mit der Gesetze und Verfassungen autorisiert sein müssten. Gesetzgeber hatten demnach Wissenschaftler zu sein oder sich wenigstens mit wissenschaftlicher Expertise zu umgeben. Konstitutionen jeglicher Art – ob nun größere Gesetzeswerke oder gar Verfassungen – mussten sich seit dem frühen 19. Jahrhundert jedenfalls der Erwartung stellen, mit besonderer Fachkunde verfasst zu werden.

Gemahnte das »nomothetisch wertvolle Wissen«,[198] an das antike Gesetzgeberfiguren wie Lykurg appellierten, eher an Weisheit, so handelte es sich beim Gesetzgeben nun um eine auch von religiöser Legitimation gelöste Kärrnerarbeit von Experten. Daraus erwuchs wiederum ein spezifisches Heroisierungspotential für moderne, gleichsam hauptamtliche Gesetzgeber, das ganz anders gelagert war als dasjenige frühneuzeitlicher Monarchen. Neue Generationen von Universitätsabsolventen und jüngeren Beamten beriefen sich nunmehr auf ihre akademische Ausbildung und leiteten aus ihr eine überlegene gesetzgeberische Autorität ab: als Instanzen des Gesetzgebers Wissenschaft.

Abb. 19: Der Bildhauer Ernst Julius Hähnel schuf im Jahre 1848 diese Statue des böhmischen Königs, zugleich Kaiser Karl IV., zum Gedenken an das 500-jährige Jubiläum der Prager Karls-Universität. Passend dazu würdigte der Sockel die vier klassischen Fakultäten – die juristische mit dieser Allegorie, die offenkundig die Zusammenstellung eines »Corpus Iuris« als Aufgabe von Wissenschaftlern darstellt. Darin manifestierte sich ein Professionalisierungsdiskurs: Selbst patriotische Zeitgenossen erwarteten damals nicht mehr, dass ein Herrscher persönlich die Gesetze schreibe, die er erlasse, wohl aber, dass er die dafür nötigen Experten heranziehe.

Wieder lässt sich eine solche Konstellation am Beispiel Württembergs trefflich verdeutlichen. Der im Jahre 1806 zum König erhobene Herzog Friedrich I. argumentierte in seinen Ambitionen, seinen massiv erweiterten Territorien zum Ausbau seiner eigenen Macht eine neue, einheitliche Gestalt zu geben, ganz auf der Höhe der Zeit – und öffnete einen Diskursraum, den andere für ihre Interessen einzunehmen suchten. Keinem gelang das mit solcher Durchschlagskraft wie dem jungen Verwaltungsexperten Friedrich List, der an der Tübinger Universität eine Ausbildungsanstalt für künftige Gesetzgeber einzurichten trachtete. Sein Engagement auf königlicher Seite im Streit um die im Jahre 1815 verkündete, aber von der Ständeversammlung umgehend zurückgewiesene württembergische Verfassung gab seinem Anliegen immensen Auftrieb. In Lists baldigem erfolgreichen Plädoyer für die Einrichtung einer eigenen Staatswirtschaftlichen Fakultät trat der Idealtypus des rundum wissenschaftlich geschulten Beamten hervor, dessen es zur Schaffung guter Gesetze bedürfe. Einen solchen konturierte damals ebenfalls Karl August von Wangenheim, Lists Förderer, der den aufopferungsvollen Einsatz einschlägig Qualifizierter heroisierte:

> Ueberall eilen die gelehrten, wissenschaftlich gebildeten Männer der Volks-Einsicht oft um Jahrhunderte voraus, und erst spät hernach dringt ihre Lehre in die Masse, und nimmt in der Durchdringung mit dem im Volke liegenden Stoff die lebendige Form an.[199]

Ein Herrscher dieser Tage, so setzte Wangenheim seine Argumentation konsequent fort, könne

> rechtlich nicht regieren ohne vernünftige Rathgeber und eine schön-erhabene Umgebung. Daher gehört es zur

> wesentlichen Form der Constitution, daß der Regent zur zweckmäßigen Wahl sowohl eines vernünftigen Ministeriums, als auch eines ästhetisch-cultivirten Hofstaates, verpflichtet sey.[200]

Das kam dem klassischen Ideal einer Philosophenherrschaft nahe, nur eben examinierter: Das bürokratische Personal gelte es aus allen Ständen zu rekrutieren, wenn es nur »innerlich dazu qualificirt ist« und seine Fähigkeiten vor einer »selbstständigen Prüfungs-Commission gezeigt« habe.[201] Die Verwaltung sollte auf diese Weise zu einer Pflanzschule für Helden der Gesetzgebung werden.

Die zeitgenössische Wucht solcher Argumente wird deutlich, wenn man ihren doppelten Kontext berücksichtigt. Dazu gehörten das Bemühen des Königs, sich der Autorität der Wissenschaft zu versichern, ebenso wie das Beharren der Opposition. Letztere beanspruchte die Wiedereinsetzung der altwürttembergischen Verfassung, die der Monarch zehn Jahre zuvor aufgehoben hatte; schließlich hatte die alte Ordnung die Dominanz der gerade nicht akademisch qualifizierten ›Schreiber‹ in der Verwaltung sanktioniert. List nun setzte die Partei der Altrechtler sowie die königliche zugleich unter Professionalisierungsdruck. Er sah das zeitgenössische Württemberg »am Eingange einer zweiten Periode der Gesetzgebung nach Einführung des römischen Rechts« stehen – selbst das Volk kenne die »Notwendigkeit einer zeitgemäßen selbständigen Gesetzgebung«, während ausgerechnet für Gelehrte »die veraltete vaterländische Gesetzgebung ein Steckenpferd geworden« sei.[202] Vor allem attackierte er die württembergische Ständeversammlung als Feind des Fortschritts: »Aus den zwölf Tafeln des rohen Zeitalters wird mit dem Fortschritte der Kultur endlich ein multorum camelorum onus, bis ein Justinian sich durch ein, wenn nicht tadelfreies, doch zweckmäßiges Werk der Nachwelt unvergeßlich machen wird.«[203]

Es war aus dieser Warte also Zeit für neue, dem Fortschritt verpflichtete Gesetzgebungshelden. Der Herrscher konnte sich nur als neuer Iustinian rühmen lassen, wenn er Lists Vorschlägen folgte: nämlich indem er der neu zu errichtenden Fakultät an der Tübinger Universität, an die List sogleich als Professor berufen werden sollte, den Vorrang vor den bestehenden gäbe und ihren Absolventen prominente Posten im Staatsdienst verschaffte, natürlich nur nach strengen Prüfungen. Gerade die Parlamentarisierung Württembergs erforderte eine Expertise, die dem Parlament entgegenarbeiten sollte – so plädierte List: Wolle die Regierung »an Einsicht höher stehen als die Volksrepräsentation«, habe sie sich nämlich hinreichende Mittel zu verschaffen, »sich vorzügliche Staatsdiener zu bilden, daß es ihr leichter als dem Volke wird, die Vorzüglichsten zu finden«.[204] Der König als Adressat musste sich von List einiges gefallen lassen, dessen Kritik die bestehende Staatsverwaltung ebenfalls traf. Ein »Lehrer, der die Magna Charta nicht mit dem eifersüchtigen Blick eines Volksrepräsentanten, sondern mit dem gleichmütig forschenden Auge des Gelehrten betrachtet, wird ohne Rücksicht die Mängel rügen, sobald er dergleichen entdeckt«, argumentierte List und führte aus: Wäre dereinst altwürttembergisches Verfassungsrecht vermittelt worden, hätte der Landtag die damaligen Schwächen selbst behoben »und man würde gegenwärtig nicht die Wissenschaft mit dem Schlendrian im Kampfe erblicken«.[205]

List heroisierte also einen erst noch zu schaffenden Typus, nämlich den fachkundigen Staatswissenschaftler, der nicht nur einer gewählten Versammlung, sondern auch dem König den Weg weisen würde. Dass er selbst allzu ostentativ als ein solcher auftrat, kostete ihn freilich schon im

Jahre 1819 seine erst zwei Jahre zuvor errungene Professur. Inwiefern Zeitgenossen vielerorts Wissenschaft und Gesetzgebung in ein enges Verhältnis setzten, erhellt auch ein Blick auf den epochemachenden Kodifikationsstreit, den am Ende des Napoleonischen Zeitalters insbesondere die beiden Rechtsprofessoren Anton Friedrich Justus Thibaut und Friedrich Carl von Savigny betrieben. Während Thibaut dafür plädierte, für die deutschen Staaten ein neues, einheitliches Zivilgesetzbuch zu erstellen, das streng systematisch verfasst sein sollte, schien Savigny eine solche Kodifikation vorerst undenkbar. Zunächst gelte es, bestehende Satzungen und Rechtsgewohnheiten zu verzeichnen und sie als wirksame Traditionen zu verstehen, ehe eine behutsame Zusammenführung im Laufe der Zeit zu erreichen sei. Dabei machte Thibaut überdies eher liberale (und das meinte damals eben auch: nationale) und eher als ›romanisch‹ firmierende, Savigny eher konservative (und das meinte damals eben auch: der Fürstenmacht verpflichtete) und eher als ›germanisch‹ geltende Prinzipien zur Grundlage der Gesetzgebung. Diesen Gegensatz indes übergingen beide in ihrer Kontroverse, schließlich war daraus gerade keine Wissenschaft zu machen.

Einig waren sich die Kontrahenten allerdings in der verkappten Heroisierung eines künftigen Gesetzgebers, mochten sie ihm auch unterschiedliche Maximen abfordern. Thibaut umriss schon im Vorwort seines wesentlichen Debattenbeitrags, wie ein solcher Held gerade nicht sein durfte:

> Diese Möglichkeiten werden dadurch noch vermehrt, daß unter unsern kräftigen und rechtlichen Männern da und dort immer mehr eine überspannte Gutmüthigkeit empor kommt, welche das Unmögliche ungestüm fordert, sich in politischen und ästhetischen Träumereyen

> erschöpft, über dem Seichten das Tiefe vergißt, und so den beschränkten und verdorbenen Weltmännern der niederen Art die beste Gelegenheit gibt, mit scheinbar weiser Bedachtsamkeit alles Schlechte und Kleinliche vom Untergange zu retten.[206]

Daran knüpfte Thibaut eine Forderung, die gleichermaßen aus einer scharfen Kollegenschelte wie aus einer Erwartung an die Politik bestand. Das bürgerliche Recht brauche »eine gänzliche schnelle Umänderung«, also komme alles darauf an, dass die »Deutschen Regierungen mit vereinten Kräften die Abfassung eines, der Willkühr der einzelnen Regierungen entzogenen, für ganz Deutschland erlassenen Gesetzbuchs zu bewirken suchen«.[207] In die Heroisierung, die Thibaut hier ex negativo künftigen Gesetzgebern angedeihen ließ, waren sogleich Fortschrittserwartung und Zweifel eingemischt:

> Wäre dagegen ein kräftiges einheimisches Gesetzbuch das Gemeingut Aller, wäre es von anerkannt bedeutenden Staatsmännern und Gelehrten verfaßt, nach reifer Prüfung und voller Benutzung des öffentlichen Urtheils, und wären dann auch dessen Gründe mit unbedingter Offenheit zur allgemeinen Kenntniß gebracht, so würde nun die wahre Rechtswissenschaft, d.h. die philosophirende, sich leicht und frey bewegen können, und Jeder würde Gelegenheit und Hoffnung haben, zur fernern Vervollkommnung dieses großen Nationalwerks mitzuwirken.[208]

So gelangte Thibaut nachgerade zu einer Apotheose des wissenschaftlich angeleiteten Gesetzgebers. Seine Helden glichen insofern altüberlieferten einsamen Gesetzgebern wie Lykurg, als sie sich gegen allerlei Widerstände selbst unter Gelehrten behaupten mussten. Thibaut lud ihnen schwere Lasten auf:

> Männer, welche der Gesetzgebung, und insbesondere der allgemeinen, abstracten Gesetzgebung gewachsen sind, gibt es sehr wenige, selbst im gelehrten Stande. Dies darf auch nicht befremden, und ist kein Vorwurf, welcher irgend eine Bitterkeit mit sich führt. Denn eine gute Gesetzgebung ist das schwerste unter allen Geschäften. Es gehört dazu ein reiner, großer, männlicher, edler Sinn; eine unbedingte Festigkeit, damit man sich nicht durch falsches Erbarmen und kleinliche Nebenrücksichten überraschen lasse, und eine unendliche Umsicht und Mannigfaltigkeit der Kenntnisse.[209]

Dieses – dezidiert maskuline – Ideal kontrastierte Thibaut mit der bürokratischen Realität und nannte das Negativbeispiel eines unlängst verstorbenen deutschen Staatsmannes: »In einem großen Collegio, als thätiger Gehülfe Vieler, aber auch nur auf seine Stimme beschränkt, würde er der Segen des Landes gewesen seyn«, führte Thibaut aus. »Allein er überhob sich seiner Kräfte, wollte für Viele und über Viele hinüber den rechten Verstand haben; und da erfolgte denn ein Rechts-Jammer, worunter das ganze Land tief gebeugt ward.«[210]

Einen andersgearteten Geniekult um den Gesetzgeber betrieb selbst Thibauts Gegenspieler Savigny, der auf »das juristische Genie, wodurch die Trefflichkeit des Römischen Rechts bestimmt worden ist«, zu sprechen kam.[211] Die heroische Leistung insbesondere der römischen Gesetzgeber, die er würdigte, bestand gerade in einem Verzicht auf persönlichen Schöpferehrgeiz. Erst Respekt vor dem gewohnten Recht schützte aus Savignys Sicht vor fatalen Neuerfindungen:

> Nämlich zur Zeit der classischen Juristen hätte es keine Schwierigkeit gemacht, ein treffliches Gesetzbuch zu verfassen. Auch waren die drey berühmtesten Juristen, Papinian, Ulpian und Paulus praefecti praetorio; diesen fehlte es sicher weder an Interesse für das Recht, noch an Macht, ein Gesetzbuch zu veranlassen, wenn sie es gut oder nöthig fanden: dennoch sehen wir keine Spur von einem solchen Versuche. Aber als früher Cäsar im Gefühl seiner Kraft und der Schlechtigkeit des Zeitalters nur seinen Willen in Rom gelten lassen wollte, soll er auch auf ein Gesetzbuch in unserm Sinne bedacht gewesen seyn,[212]

so argumentierte Savigny mit einer wenig dezenten Anspielung auf seine, die napoleonische Gegenwart. In der Annahme, »daß in unsrer Zeit ein gutes Gesetzbuch noch nicht möglich ist«, weil es an kundigen Experten vorläufig fehle, nährte er vorsichtig Erwartungen einer künftigen Erneuerung der deutschen Gesetze: »wenn nicht alle Zeichen trügen, ist ein lebendigerer Geist in unsre Wissenschaft gekommen, der sie künftig wieder zu einer eigenthümlichen Bildung erheben kann. Nur fertig geworden ist von dieser Bildung noch sehr wenig, und aus diesem Grunde läugne ich unsre Fähigkeit, ein löbliches Gesetzbuch hervorzubringen«.[213] Noch fehlten aber diese Genies, die Savigny gerade über die von ihm betriebene historische Rechtsschule heranzubilden hoffte: »Erst wenn wir durch ernstliches Studium vollständigere Kenntniß erworben, vorzüglich aber unsren geschichtlichen und politischen Sinn mehr geschärft haben, wird ein wahres Urtheil über den überlieferten Stoff möglich seyn.«[214] Savigny betrieb nachgerade eine Burkeanische Anwendung auf das Geschäft des Gesetzgebens, für ihn war der »geschichtliche Sinn der einzige Schutz gegen eine Art der Selbsttäuschung, die sich in einzelnen Menschen, wie in ganzen Völkern und Zeitaltern, immer wiederholt, indem wir nämlich dasjenige, was uns eigen ist, für allgemein menschlich halten«.[215]

Insofern verband Thibaut und Savigny in ihrem Prinzipienstreit vielleicht mehr, als sie trennte. Sie teilten jedenfalls die Vorstellung, dass einen guten Gesetzgeber definiere, viele Gesetze gerade nicht zu geben, aber auch, dass alles auf seine wissenschaftliche Bildung ankomme – ob nun eine systematische respektive eine historische Methode, daran schieden sich nicht nur die Geister dieser beiden. Hegel spielte auf die Kontroverse an, als er einen inneren Zusammenhang von zivilisatorischem Fortschrittsbewusstsein, nationalem Stolz, rechtswissenschaftlicher Professionalisierung und dem Gesetzemachen diagnostizierte: »Einer gebildeten Nation oder dem juristischen Stande in derselben die Fähigkeit abzusprechen, ein Gesetzbuch zu machen [...], wäre einer der größten Schimpfe, der einer Nation oder jenem Stande angetan werden könnte.«[216]

Hegel hegte eine hoffnungsvolle Erwartung auf einen heroischen nationalen Gesetzgebungsakt, ebenso wie die Kontrahenten Thibaut und Savigny, auch wenn Zeitgenossen erbittert über den richtigen Zeitpunkt dafür stritten. Für manche kam er im Jahr 1848. Noch fast fünfzehn Jahre nach dem Scheitern der Revolutionen fragte Karl Welcker sich und die Leser des von ihm herausgegebenen *Staats-Lexicons* auch unter Rückgriff auf die Thibaut-Savigny-Kontroverse nach dem richtigen Zeitpunkt für einen großen gesetzgeberischen Wurf. Umstürze eigneten sich nach seiner Auffassung dazu durchaus:

> Um die Gesetze zu verbessern und um neue Gesetze zu machen, seien, so sagt man gewöhnlich, ruhige Zeiten die besten. Wohl mag auch in ihnen eine echt ruhige, allseitig besonnene und reife Prüfung leichter sein. Dagegen

finden in ihnen auch sehr wohlthätige, ja nothwendige Reformen oft zu großen Widerspruch durch Trägheit, Interessen und Vorurtheile, weit mehr als in bewegten Zeiten. Das Eisen zu schmieden, dieweil es warm ist, dieses ist auch ein guter Grundsatz. [...] Und wenn einmal etwa durch eine Revolution schon große Änderungen des bestehenden Zustandes eintraten, so lassen sich schon des Zusammenhangs wegen leichter die übrigen damit harmonirenden Verbesserungen als nöthig erkennen und einführen.[217]

Welcker blickte mit Bedauern darauf zurück, dass es aus Mangel an wissenschaftlicher Kooperation nach 1815 nicht zu einem deutschen Gesetzbuch gekommen sei:

> Aber der deutsche Vaterlandsfreund wird nur mit tiefer Wehmuth eins der größten und letzten Bande der deutschen Nation, ihre Verbindung durch gemeinsames Recht, gemeinschaftliche Rechtswissenschaft und gemeinschaftliche Universitätsstudien, mehr und mehr zerreißen, die Hoffnungen des Fortschreitens zu einer tüchtigen deutschen Rechtswissenschaft durch die Zersplitterung in etliche dreißig verschiedene Jurisprudenzen mehr und mehr untergehen sehen.[218]

Zugleich betrieb Welcker eine diskrete Heroisierung derjenigen, die jenseits des Gesetzeswerkes selbst das Ihrige zur Festigung des Rechts beitrügen. Zum Pathos des wirkungsmächtigen Gesetzgebers gehörte es nunmehr, wohltätig im Hintergrund zu wirken:

> Vortrefflich wirken übrigens zu steter Erhaltung der Rechtseinheit und Rechtsgewißheit und zur harmonischen Fortbildung des Rechts durch eine geregelte, ge-

meinschaftliche Praxis im ganzen Staate so großartige allgemeine Institute wie die römische Prätur und der französische Cassationshof.[219]

Hier thematisierte Welcker einen Zusammenhang, der sich bald in einem epochalen Gesetzeswerk auswirkte: und zwar denjenigen einer professionalisierten Rechtspflege und Gesetzgebung durch kundige Beamte, wie er bald zur langwierigen Entstehung des Bürgerlichen Gesetzbuches führte. Die Lex Miquel-Lasker (1873) beendete eine ausführliche Debatte mit einer Verfassungsänderung, die dem unlängst gegründeten Reich die Gesetzgebungskompetenz im gesamten bürgerlichen Recht zuschrieb. Auf dieser Basis wurden mehrere Kommissionen eingesetzt, deren erste – nach einer ›Vorkommission‹ – bezeichnenderweise ein erfahrener Handelsrichter leitete, Heinrich Eduard von Pape. Wilhelm Konrad Neubauer, der diesem Gremium ausgesuchter Rechtskundiger zuarbeitete, ließ seine eigenen Erfahrungen in eine Würdigung des wissenschaftlich agierenden Gesetzgeber-Experten einfließen. Pape habe sich in der Kommission ausgezeichnet als

> Arbeits-Mittelpunkt, der alle Einzel-Thätigkeit in Fluß und Verbindung erhielt. Unermüdet unterzog er sich der Mühe, die Verhandlungen zu leiten, die Beschlüsse durch einleitende Vorträge vorzubereiten, die Streitfragen mit den geäußerten Bedenken und abweichenden Ansichten auszusondern, das Ergebniß zur Abstimmung zusammenzufassen, und vor allem widersprechende Mehrheitsbeschlüsse so zu verbessern, daß sie als Grundlage dienen konnten.[220]

Inwiefern ein Einzelner eine solche Aufgabe gar nicht schultern könne, zeigt ein Seitenblick innerhalb desselben

Nachschlagewerkes – und zwar auf den Eintrag über den Rechtshistoriker Georg Ludwig von Maurer, der ab dem Jahre 1832 für das damals wittelsbachisch regierte Griechenland ein neues Rechtswesen entwickelte. Wegen seiner baldigen Abberufung hatte er das beabsichtigte Zivilgesetzbuch nicht mehr fertigstellen können und habe sich »einer zwar fast übermenschlich anstrengenden, hinwieder aber schöpferischen Thätigkeit« entrissen gesehen, so wusste die *Allgemeine Deutsche Biographie* zu berichten und hielt Maurer den Geist wissenschaftlicher Kooperation zugute. Er habe sich von Übersichten leiten lassen, »welche auf Maurer's Veranlassung von sachkundigen Griechen verfaßt« wurden.[221]

Umgekehrt erschien Pape, dem als Vorsitzendem eines wissenschaftlich-professionell besetzten Kollegialorgans die Fertigstellung eines nicht minder ambitionierten Gesetzbuches in Deutschland gelingen sollte, als diskreter, gerade durch den Willen zur eigenen Unsichtbarkeit charakterisierter Held der Gesetzgebung – ausgezeichnet nicht durch sture Vehemenz eigener Überzeugungen oder die reformerische Tat, sondern durch einfühlsame Moderation und akribische Arbeit:

> Ganz besonders hervorragend war seine Auffassungsgabe. Ueblich war, daß das einzelne Mitglied sich darauf beschränkte, Vorschläge (ohne Begründung) zu machen, wie die Vorschrift zu fassen sei. Nicht eines einzigen Falles vermag ich mich zu erinnern, in dem er von dem Antragsteller darauf aufmerksam gemacht werden mußte, seine Gründe seien nicht richtig erkannt, während er häufig in dem einleitenden Vortrage bemerken konnte, es sei schwierig, zu erkennen, ob der Antrag nicht noch etwas Anderes bezwecke. Zuweilen unterbrach er die Sitzung, um in seinem Zimmer sich zurecht

> zu legen, wie scheinbar widersprechende Beschlüsse so zu berichtigen seien, daß sie neben einander bestehen könnten.[222]

Derlei ließ sich heroisieren. Zur Vorgeschichte des BGB hatten auch die Aktivitäten des Deutschen Juristentages im Jahre 1860 gehört, dessen Beschlüsse »nicht fruchtlos verhallen« würden, wie eine Art rechtswissenschaftlicher Selbstermächtigung im *Staats-Lexicon* geradezu fordernd festhielt. Kundige Juristen nahmen mit dem Rechtssetzungswerk auch das der nationalen Einigung anscheinend vorweg: »Der Ausdruck der Überzeugung einer solchen Versammlung deutscher Juristen, durch welche sich das ganze Vaterland vertreten sah, kann nicht ohne ersprießliche Folgen bleiben und wird mit einer unwiderstehlichen Macht wirken.«[223]

Bedächtige Expertise beim Bohren dicker juristischer und nationaler Bretter machte hier einen guten Gesetzgeber aus: nicht die große Geste, nicht der geniale Wurf, sondern die Kärrnerarbeit der Integration von wissenschaftlicher Sachkunde in unterschiedliche Materien. Heimlich sollte Heldenruhm in der Demokratie sein. Heroisierung von Gesetzgebern unterlag also einem enormen Funktionswandel, indem sich der Akt des Gesetzgebens und die dafür nötigen Prozesse in der Moderne arbeitsteilig immer mehr trennten. Hinter der Bühne der parlamentarischen Beratungen, deren Protagonisten die Urheberschaft bestimmter Gesetzesinitiativen für sich beanspruchten, fanden nun immer intensivere Aushandlungsprozesse statt (freilich stets auch darum, die Expertise welcher Fächer beziehungsweise Denkschulen gefragt sei, von Staatswirtschaftlern über Ökonomen bis zuletzt hin zu Virologen). So entstand Raum für meist diskrete Helden der Wissenschaft, die sich in Gesetzgebungsprozessen und Ministerien einrichteten.

Der Preis dieser Gestaltungsmacht bestand freilich in Unsichtbarkeit: Heroisiert wurden seither vielfach eher Politiker, die Initiativen – die gar nicht ursprünglich ihre eigenen sein mussten – zu Sichtbarkeit und zur Umsetzung verhalfen. So hat es sich in den Vereinigten Staaten eingebürgert, Gesetzesentwürfe oftmals mit dem Namen derjenigen zu versehen, die sie einbringen: Besonderen Ruhm als Gesetzgeber ernteten etwa die Senatoren John Pendleton, auf dessen Initiative eine große Verwaltungsreform aus dem Jahre 1883 zurückgeht, John Sherman, nach dem das Antitrust-Gesetz des Jahres 1890 benannt wurde, sowie die Senatoren Carter Glass und Henry B. Steagall, deren Namen das zentrale Gesetz zur Bankenregulation im Zuge des New Deal trägt. Überhaupt dürfte der medial so umfassend orchestrierte New Deal zu jenen polarisierenden Phänomenen gehören, die intensiv auf gesetzgeberische Heroisierungsprozesse zu überprüfen wären; seine Inszenierung verdient ebenso eine Analyse wie etwa die ersten Regierungsjahre Margaret Thatchers in Großbritannien. In der jüngeren deutschen Geschichte zählen zu solchen expertokratischen Gesetzgebungskampagnen beispielsweise die Agenda 2010, betrieben mit dem Pathos nüchterner, von Expertenkommissionen (Hartz, Rürup, Riester) gesteuerter Reformpolitik, oder die Notstandsgesetzgebung der Großen Koalition in den 1960er-Jahren, die seinerzeit von ihren prononciertesten Befürwortern wie von ihren glühendsten Gegnern als Fortschreibung der Verfassung begriffen wurde.

Aus jener Ära datiert auch ein Gesetz, das seinerseits nachgerade Raum für künftige Gesetzgebungshelden schuf. Im Jahre 1963 verabschiedete der Bundestag das »Gesetz über die Bildung eines Sachverständigenrates zur Begutachtung der gesamtwirtschaftlichen Entwicklung« – nach einer längeren Debatte, in der sich keynesianische Vorstellungen einer gemäß systematischen Kriterien zu betreibenden Konjunkturpolitik immer mehr durchsetzten. Deshalb war Wirtschaftsminister Ludwig Erhard lange skeptisch gewesen, erst recht Bundeskanzler Konrad Adenauer, der um die Heroisierung von Wirtschaftsberatern auf Kosten einer Deheroisierung von Politikern fürchtete. So jedenfalls lässt sich seine kolportierte Frage an Erhard auch verstehen, ob er sich »eine Laus in'n Pelz setzen«[224] wolle.

Den Zusammenhang mit den Gesetzgebern stiftet die ironisch bis hoffnungsvolle Bezeichnung, die sich später für die Mitglieder jenes Gremiums einbürgerte, dessen Jahresberichte das Bundeskabinett seither alljährlich zur Kenntnis nehmen muss: Bald war die Rede von den »Wirtschaftsweisen«, die unabhängig von den auf die öffentliche Meinung fixierten Parteien und deren wahltaktischem Kalkül neutralen, wissenschaftlichen Rat für die Steuerung der deutschen Wirtschaft von Gesetzes wegen geben sollten. Darin bestand parteiübergreifende Einigkeit. Bedenken vor einer Entmachtung des Parlaments durch Experten suchte der erfahrene CSU-Abgeordnete Hans Schütz damals wie folgt abzuwenden:

> Neben der Darstellung dessen, was das Gutachtergremium im wesentlichen sein soll, möchte ich versuchen, noch herauszustellen, was das Gutachtergremium im Sinne der Antragsteller nicht sein soll. Der Sachverständigenrat soll niemandem, auch diesem Haus nicht, die Entscheidung abnehmen. Er soll keinesfalls eine Nebenregierung werden. Er soll auch nach unserer Auffassung nicht die Vorstufe für einen Bundeswirtschaftsrat sein. Es wird auch nicht möglich sein, daß der Rat zu allen Einzelfragen Stellung nimmt.[225]

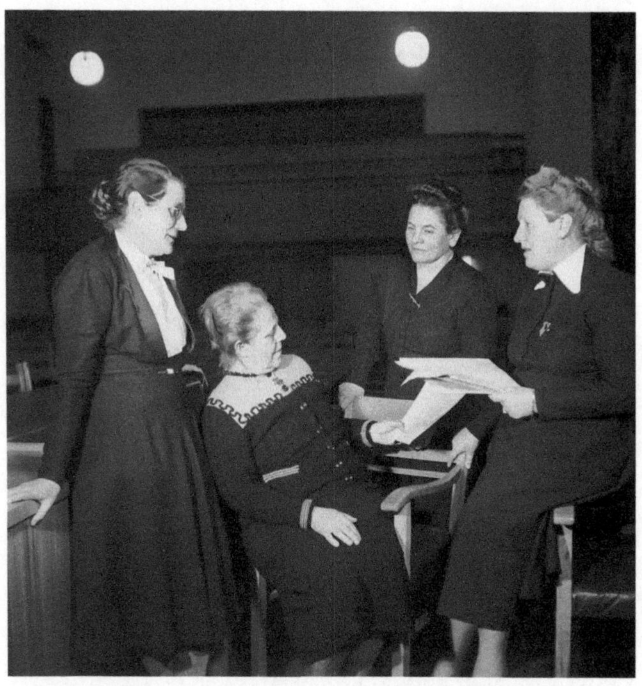

Abb. 20: Der Parlamentarische Rat hatte viele diskrete Helden – und Heldinnen. Dazu gehörten nicht nur zahlreiche Sekretärinnen, sondern auch vier ›Mütter des Grundgesetzes‹: Friederike Nadig, Elisabeth Selbert, Helene Weber und Helene Wessel. Wie sehr die Vorstellung von Gesetzgebern eine männliche ist, zeigt nicht zuletzt an, dass es sich erst seit den 1980er-Jahren einbürgerte, neben den ›Vätern‹ des Grundgesetzes auch die hier sichtbaren ›Mütter‹ zu würdigen. Freilich kam es den Mitgliedern des Parlamentarischen Rates beider Geschlechter darauf an, sich nicht in Heldenposen ablichten zu lassen – sondern bei emsiger Arbeit.

Als die *Frankfurter Allgemeine Zeitung* im Jahre 1966 eine erste Bilanz zog, war die Bewertung von hohen Erwartungen durchzogen: Der Sachverständigenrat habe eine andere Aufgabe als »eine regierungseigene Ratgebergruppe«, nebst Regierungsberatung habe er »die Öffentlichkeit ungeschminkt zu informieren, einen Beitrag zur Versachlichung der Debatte über wirtschaftspolitische Fragen zu leisten,

Fehlentwicklungen darzustellen, vielleicht gelegentlich einen Vergleich der Verheißungen und Versprechen mit dem tatsächlichen Handeln politischer Gruppen anzustellen«.[226] Andere registrierten unterdessen ernüchtert, inwiefern sich der Sachverständigenrat in den Niederungen des politischen Alltags gerade nicht als erhoffter indirekter Gesetzgeber zeige:

> Mit orthodoxen wirtschaftspolitischen Mitteln ist die gegenwärtige wirtschaftspolitische Lage nicht zu meistern, sagen die einen. – Mit neuen wirtschaftspolitischen Instrumenten ist es auch nicht getan, sagen die anderen, nicht die Instrumente, sondern das Konzept sei entscheidend. Nun, bei uns fehlt beides, Instrument und Konzept, und wenn kluge Leute ein solches ausgearbeitet haben, wie es der Volkswirtschaftliche Sachverständigenrat getan hat, dann wird es schleunigst zerredet.[227]

Rasch schob sich allerdings ein Einmann-Sachverständigenrat in den Vordergrund der Aufmerksamkeit, nämlich der Volkswirtschaftsprofessor Karl Schiller (SPD), in der Großen Koalition noch Wirtschaftsminister, in der sozialliberalen Koalition rasch ›Superminister‹ für Wirtschaft und Finanzen: Er ließ sich gerne zu so etwas wie einem Helden der beabsichtigten ›Gesamtsteuerung‹ ausrufen – und kultivierte dieses Image nach seinem spektakulären Rücktritt im Jahr 1972. Im Bericht über eine Podiumsdiskussion berichtete der Redakteur der *Süddeutschen Zeitung*: »Schiller kehrt den über allen Parteien stehenden unabhängigen Professor heraus und spricht vor vollem Hause so, als leite er ein Doktorandenkolloquium über Stabilität, privatissime et gratis«, er wurde im selben Bericht etwas weniger ironisch zum »Held des Abends« ausgerufen.[228]

Der Gesetzgeber also hatte sich zum Wissenschaftler gewandelt: als unsichtbarer Berater oder aber als überaus sichtbare mediale Instanz. Eine solche Konstellation zeigt sich seither selbst dort, wo Experten gegen Expertise in Stellung gebracht werden – in neoliberalen Diskursen im weitesten Sinne. Als der damalige Präsident der Vereinigten Staaten, George W. Bush, den Ökonomen Milton Friedman kurz vor dessen 90. Geburtstag mit einem Essen im Weißen Haus ehrte, hielt er dem Geehrten zugute: »Yet he has demonstrated that even an imperfect market produces better results than arrogant experts and grasping bureaucrats«. Vor allem aber hob er denjenigen, der gewissermaßen als Anti-Gesetzgeber zeitlebens vor allem dafür plädiert hatte, für vieles gerade kein Gesetz zu machen, als »hero of freedom« hervor.[229] Einige Jahre zuvor hatte Arnold Harberger eine Gruppe junger Ökonomen gepriesen, die einst durch seine Schule ebenso wie durch diejenige Milton Friedmans gegangen waren: Seine sogenannten Chicago Boys galten ihm als »Handful of Heroes«, die seinerzeit die lateinamerikanischen Volkswirtschaften, insbesondere die chilenische und argentinische, im Sinne des Wirtschaftsliberalismus reformiert hatten: »there can be no doubt concerning the heroic proportions of the effort now underway to reform and revitalize economic policy«.[230] Freilich waren solche neoliberalen Idealfiguren nicht diejenigen, die Gesetze schufen, sondern solche, die Regulierungen aufheben sollten – und der Gesetzgeber ihr regulierungswütiger Erzfeind. Mehr als eine Fußnote bedeutet es, dass in Deutschland mittlerweile Normenkontrollräte in Bund und Ländern die Folgekosten von Gesetzen systematisch überwachen sollen: als institutionalisiertes permanentes Misstrauen gegenüber einem keineswegs mehr als weise wahrgenommenen Gesetzgeber, der die Folgen seines Tuns nicht hinreichend abzuschätzen vermöge.

Linear lässt sich diese Geschichte freilich nicht erzählen. Immer wieder entstehen auch in der Moderne besondere Situationen, in denen der ›alte‹ Typus des Gesetzgebers als heldenhaftes Vorbild noch einmal mobilisiert werden kann: im Rahmen von Präfigurationen, die gerade die antiken Gesetzgeberhelden noch einmal in Erinnerung rufen, bisweilen sogar explizit. Als General Charles de Gaulle – mit dem Image des Weltkriegshelden – am 16. Juni 1946 erfolglos für eine Verfassungsreform hin zu einem präsidentiellen System warb, appellierte er ausdrücklich an ein antikes Vorbild:

> Griechen fragten einst den weisen Solon: ›Was ist die beste Verfassung?‹ Er antwortete: ›Sagt mir zuerst, für welches Volk und in welcher Epoche.‹ Heute geht es um das französische Volk und die Völker der französischen Union, und dies in einer enorm harten und enorm gefährlichen Zeit! Nehmen wir uns, wie wir sind. Nehmen wir das Zeitalter, wie es ist. Trotz unermeßlicher Schwierigkeiten haben wir eine tiefe Erneuerung auszuführen, die jeden Mann und jede Frau bei uns zu mehr Wohlstand, Sicherheit und Freude führt und die uns zahlreicher, mächtiger, brüderlicher macht.[231]

Zwölf Jahre später kam die Gelegenheit für de Gaulle, seine Vorstellungen einer konstitutionellen Neuordnung über die rivalisierenden Parteien hinweg doch noch durchzusetzen, nach dem Militärputsch in Algerien: Als Ministerpräsident regierte er ab dem 1. Juni 1958 mit Notstandsbefugnissen und unterbreitete den Franzosen eine neue, seinen An- und Absichten verpflichtete Verfassung. Um am 4. September 1958 diese Vorlage für die folgende Volksabstimmung überzeugend zu präsentieren, griff er auf die Rhetorik von damals zurück:

> Der Verfassungsentwurf wurde also für das Volk, das wir sind, in dem Zeitalter und in der Welt, in der wir sind, eingerichtet. Damit das Land tatsächlich von denjenigen regiert werden kann, die es mandatiert und denen es das Vertrauen schenkt, das die Legitimität einhaucht. Damit, über den politischen Kämpfen, ein nationaler Schiedsrichter existiert, gewählt von den Bürgern, die ein öffentliches Mandat innehaben, mit dem Auftrag, das ordnungsgemäße Funktionieren der Einrichtungen zu gewährleisten, der das Recht hat, auf das Urteil des souveränen Volkes zurückzukommen, der im Falle einer extremen Gefahr für die Unabhängigkeit, die Ehre, die Integrität Frankreichs und das Wohl der Republik einsteht.[232]

Dieses Pathos allerdings unterlief und überbrückte zugleich, was andere für einen modernen Grundkonsens erachteten. Gerade linksliberale Intellektuelle erblickten im gaullistischen Notstandsdiskurs einen Rückfall in eine autoritäre Art von Gesetzgebung, in der Sache wie im Gestus. Der deutsche *Spiegel* sah »die Zukunft der französischen Demokratie – mit Zustimmung der Mehrheit des französischen Volkes – in der Hand eines alten Mannes, für den das Volk nicht aus verantwortlichen Staatsbürgern besteht, sondern nur Hintergrund für die großen Männer der Geschichte ist.«[233] Herausgeber Rudolf Augstein hatte Charles de Gaulle in einer zwei Wochen zuvor erschienenen Ausgabe seines Nachrichtenmagazins mit dem Lordprotektor Oliver Cromwell verglichen, ihm aber eine ganz andere Nachwirkung prognostiziert. Sie kam einer vorweggenommenen Deheroisierung gleich:

> Obwohl Cromwells Gebeine in die vier Winde zersprengt wurden, hat sein Kampf gegen absolutes König-

tum und päpstliche Bürokratie der britischen Herrschaft über Jahrhunderte unverlierbare Spuren aufgeprägt. Bei Charles de Gaulles ureigenster politischer Schöpfung hingegen gehört keine Prophetengabe dazu, um vorauszusagen, daß sie wie Spreu zerblasen werden wird, wenn auch die Gebeine ihres Urhebers in einem noch so gewaltigen Denkmalssockel ihre steinerne Ruhe finden mögen.[234]

In ein noch höheres Vergleichsregal griff in derselben Ausgabe des *Spiegel* der französische Philosoph Jean-Paul Sartre, der Gott für »bescheidener« erklärte als den General und ihm just jenes Erbe streitig machte, das de Gaulle für sich beanspruchte – dasjenige der Revolution:

> Wir sollten uns formieren und der Ablehnung einen Sinn geben. Unser Nein zur Monarchie muß bedeuten: Verfassunggebende Versammlung! Dem General de Gaulle und denen, die in seiner Umgebung sind, sagen wir: ›In einem Punkt stimmen wir mit euch überein: Die IV. Republik ist tot, und wir sind uns einig, daß sie nicht wiedererweckt werden soll. Aber euch steht es nicht zu, die V. Republik zu schaffen. Das ist Sache des französischen Volkes selbst – in seiner ganzen und vollkommenen Souveränität.‹[235]

De Gaulles Gestus provozierte, indem er alte Vorstellungen von Gesetzgebern erneuerte. Als der Politikwissenschaftler Stanley Hoffmann zwei Jahre später de Gaulles Memoiren rezensierte, setzte er de Gaulles Staatsauffassung sogar explizit ins Verhältnis zu Rousseaus *Gesellschaftsvertrag*:

> The general will is always right, but the people do not always see the common good. The Legislator helps

> them discover it; once they have, people will want it. In the same way, de Gaulle believes that if the people are shown France's higher interest, they will freely follow the guide who disclosed it. But Rousseau stressed that the Legislator's only function was to educate the popular will, and had ›nothing in common with human empire‹; de Gaulle's guide is also chief of state: part Legislator, part Roman dictator, part prince. Rousseau reminded his readers that true Legislators are rare; de Gaulle is indeed a good one (and knows it, and says so), but what about his successors?[236]

Darin zeigt sich einerseits die Persistenz eines Denkmusters, in dem Gesetzgeber seit der Antike heroisiert werden, andererseits seine Brüchigkeit in der Moderne. Lykurg-Statuen werden schon lange nicht mehr aufgestellt. Der Zauber dieser Reizfigur ist weitgehend erloschen, im Regelfall wenigstens: Es dominieren parlamentarische Verfahren sowie Expertenwissen – und auch die Erwartung, Gesetze bedürften einer höheren Legitimation durch ein Kollektiv. Doch in Ausnahmesituationen eignet sich der heroische Gesetzgeber nach wie vor als Deus ex machina, der eine besondere Ermächtigung beanspruchen kann.

Anmerkungen

1 Thomas Jefferson an William Lee, Monticello, 16. Januar 1817, in: Founders Online, https://founders.archives.gov/documents/Jefferson/03-10-02-0521 [25. Juni 2023].

2 William Jennings Bryan: Jefferson versus Imperialism, in: Republic or Empire? The Philippine Question, Chicago 1899, S. 41-46, hier S. 46.

3 Zum Bildprogramm: https://www.supremecourt.gov/about/archdetails.aspx [20. Dezember 2023]. Auch im Sitzungssaal des Repräsentantenhauses innerhalb des Kapitols wurde noch im Jahr 1950 eine Galerie angebracht, die in Marmorreliefs eine ebenfalls eklektische, indes etwas andere Zusammenstellung von Gesetzgebern zeigt: https://www.aoc.gov/explore-capitol-campus/art/relief-portrait-plaques-lawgivers [20. Dezember 2023].

4 Augustus: Meine Taten. Res Gestae Divi Augusti. Lateinisch-griechisch-deutsch, 7. Auflage, hg. von Ekkehard Weber, Berlin und Boston 2015, S. 31 [8.].

5 Albrecht von Haller: Die Alpen, hg. von Harold T. Betteridge, [Ost-]Berlin 1959, S. 19 [Abschnitt XXX].

6 Verhandlungen des Reichstags: VIII. Wahlperiode 1933, Bd. 457: Stenographische Berichte. Anlagen zu den Stenographischen Berichten. Sach- und Sprechregister, Berlin 1934, S. 37.

7 So heroisierte der sozialdemokratische Reichskanzler Hermann Müller während der Trauerfeier im Reichstag am 6. Oktober 1929 Stresemann, indem er ihn mit den preußischen Reformern Stein und Hardenberg gleichsetzte und konstatierte: »Gustav Stresemann fürchtete nicht die Unpopularität. Er gehörte zu den wirklichen Führernaturen, nach denen so oft gerufen wird, denen die Parteien aber, wenn sie wirklich führen wollen, oft nur mit Widerstreben folgen, und denen der schuldige Dank oft erst erstattet wird, wenn sie ihr Lebensmark verzehrt haben.« – Verhandlungen des Reichstags: IV. Wahlperiode 1928, Bd. 426: Stenographische Berichte (von der 99. Sitzung am 30. September 1929 bis zur 134. Sitzung am 28. Februar 1930), Berlin 1930, S. 3253.

8 Verhandlungen des Reichstags: I. Wahlperiode 1920, Bd. 361: Stenographische Berichte. Von der 378. Sitzung am 8. August 1923 bis zur 411. Sitzung am 13. März 1924, Berlin 1924, S. 11967D-11968A [Hervorhebung im Original]. Effektvoll war deshalb auch die Rede des deutschnationalen Abgeordneten Reinhold Wulle, der seine Ablehnung des Ermächtigungsgesetzes mit einem Mangel an Talenten innerhalb der Regierung begründete – er hoffte auf starke Männer, erblickte aber nur schwache Akteure: »Das Kabinett der ›Persönlichkeiten‹, das Kabinett der ›Köpfe‹, oder wie es sich jetzt nennt, ist längst ein Kabinett der Schatten geworden; denn es befindet sich bereits im Jenseits, nur die Schatten sind noch da.« – Ebd., S. 12057D.

9 Carl Georg Wächter: Gesetzgebung, in: Das Staats-Lexicon. Encyklopädie der sämmtlichen Staatswissenschaften für alle Stände. In Verbindung mit vielen der angesehensten Publicisten Deutschlands herausgegeben von Karl von Rotteck und Karl Welcker, Bd. 6, 3. Auflage, Leipzig 1862, S. 482-517, hier S. 482.

10 Solon, in: Damen Conversations Lexikon. Herausgegeben im Verein mit Gelehrten und Schriftstellerinnen von C. Herlossohn, Bd. 9: Rubens bis Tabernakel, Adorf 1837, S. 277.

11 Lykurg, in: Conversations-Lexicon oder kurzgefaßtes Handwörterbuch für die in der gesellschaftlichen Unterhaltung aus den Wissenschaften und Künsten vorkommenden Gegenstände mit beständiger Rücksicht auf die Ereignisse der älteren und neueren Zeit, Bd. 2: F bis L, Amsterdam 1809, S. 444-445 [Hervorhebungen im Original].

12 Siehe dazu Karl-Joachim Hölkeskamp: Lykurg – der Mythos vom Verfassungsstifter und Erzieher, in: Die griechische Welt. Erinnerungsorte der Antike, hg. von Karl-Joachim Hölkeskamp und Elke Stein-Hölkeskamp, München 2010, S. 316-335.

13 Zur Herangehensweise hier: Sonderforschungsbereich 948: Held, in: Compendium heroicum, 1. Februar 2019. DOI: 10.6094/heroicum/hdd1.0.

14 Max Weber: Grundriss der Sozialökonomik, Dritte Abteilung: Wirtschaft und Gesellschaft, Tübingen 1922, S. 252.

15 Hölkeskamp: Lykurg (Anm. 12), S. 317.

16 Ebd., S. 327.

17 Die gesellschaftliche Dimension hebt Max Weber ebenso hervor wie die göttliche Rechtfertigung: »Auch in historischer Zeit oft flüssig ist der Uebergang vom ›Propheten‹ zum ›Gesetzgeber‹, wenn man unter diesem eine Persönlichkeit versteht, welche im Einzelfall mit der Aufgabe betraut wird, ein Recht systematisch zu ordnen oder neu zu konstituieren, wie namentlich die hellenischen Aisymneten (Solon, Charondas usw.). Ein ›Gesetzgeber‹ ist etwas anderes als der italienische Podestà, den man von auswärts, nicht um eine soziale Neuordnung zu schaffen, sondern um einen koteriefreien unparteiischen Herrn zu haben, berief, also im Fall von Geschlechterfehden innerhalb der *gleichen* Schicht. Die Gesetzgeber werden dagegen, wenn nicht immer, so in aller Regel, dann zu ihrem Amt berufen, wenn *soziale* Spannungen bestehen.« – Weber: Grundriss der Sozioökonomik (Anm. 14), S. 252 [Hervorhebungen im Original].

18 Peter Eich u.a.: Freiheitsheld (Antike), in: Compendium heroicum, 10. Februar 2023. DOI: 10.6094/heroicum/fhhd1.2.20230210.

19 Titus Livius: Römische Geschichte, Buch I-III, lateinisch und deutsch, 4. Auflage, hg. von Hans Jürgen Hillen, Darmstadt und München 2007, S. 389 [Ab urbe condita 3, 31, 8].

20 Eich u.a.: Freiheitsheld (Anm. 18); Victor Parker: Tyrants and Lawgivers, in: The Cambridge Companion to Archaic Greece, hg. von Harvey A. Shapiro und Carla M. Antonaccio, Cambridge 2007, S. 13-39.

21 Wolfgang Schild: Das Urteil des Königs Salomo. Reflexionen zur Rechtsprechung zwischen Weisheit und Methode, in: Strafgerechtigkeit. Festschrift für Arthur Kaufmann zum 70. Geburtstag, hg. von Fritjof Haft, Heidelberg 1993, S. 281-297.

22 Marie Theres Fögen: Römische Rechtsgeschichten. Über Ursprung und Evolution eines sozialen Systems, Göttingen 2002, S. 21-59; Andrew Szegedy-Maszak: Legends of the Greek Lawgivers, in: Greek, Roman, and Byzantine Studies 19, 1978, S. 199-209, hier S. 206.

23 Thomas Maissen: Die Geburt der Republic. Staatsverständnis und Repräsentation in der frühneuzeitlichen Eidgenossenschaft, Göttingen 2008, S. 14-19.

24 Ralf von den Hoff u.a.: Helden – Heroisierungen – Heroismen. Transformationen und Konjunkturen von der Antike bis zur Moderne. Konzeptionelle Ausgangspunkte des Sonderforschungsbereichs 948, in: helden. heroes. héros. E-Journal zu Kulturen des Heroischen 1, 2013, S. 7-14. DOI: 10.6094/helden.heroes.heros./2013/01/03.

25 Hölkeskamp: Lykurg (Anm. 12), S. 319.

26 Es wird »das Wiederholte erst durch Wiederholung, durch diesen kontingenten Akt der Selektion, dessen Kontingenz zu verdrängen ist, zum mythischen Programm«, so Hans Blumenberg: Präfiguration. Arbeit am politischen Mythos, hg. von Angus Nicholls und Felix Heidenreich, Berlin 2014, S. 11. Zur Anwendung auf Heroisierungen: Sonderforschungsbereich 948: Präfiguration, in: Compendium heroicum, 9. September 2022. DOI: 10.6094/heroicum/pfd1.1.20220909.

27 George Washington: Farewell Address, 19. September 1796, in: The American Republic. Primary Sources, hg. von Bruce Frohnen, Indianapolis 2002, S. 72-78, hier S. 74. Der erste von bislang 27 Zusatzartikeln der Verfassung der Vereinigten Staaten von Amerika wurde bereits im September 1789 eingereicht, das Grundgesetz der Bundesrepublik Deutschland erfuhr seit seiner Verkündung im Jahr 1949 bereits mehr als doppelt so viele Änderungen.

28 Johann Gottfried Herder: Herder's Werke, Bd. 14: Adrastea, hg. und mit Anmerkungen versehen von Heinrich Dünker, Berlin 1867, S. 410.

29 Georg Wilhelm Friedrich Hegel: Werke, Bd. 18: Vorlesungen über die Geschichte der Philosophie, 4. Auflage, hg. von Eva Moldenhauer

und Karl Markus Michel, Frankfurt a.M. 1999, S. 182. Vgl. Josef Früchtl: Das unverschämte Ich. Eine Heldengeschichte der Moderne, Frankfurt a.M. 2004, S. 67-83.

30 Karl-Joachim Hölkeskamp: Schiedsrichter, Gesetzgeber und Gesetzgebung im archaischen Griechenland, Stuttgart 1999, S. 28-34.

31 Szegedy-Maszak: Legends of the Greek Lawgivers (Anm. 22), S. 208.

32 Jan Stenger: Minos, in: Der Neue Pauly 8, 2000, Sp. 234-235.

33 Parker: Tyrants and Lawgivers (Anm. 20), S. 13-39.

34 Hölkeskamp: Schiedsrichter (Anm. 30), S. 11-13.

35 Ebd., S. 34-44; Aristoteles: Politik. Schriften zur Staatstheorie, hg. und übers. von Franz Schwarz, Stuttgart 1998, S. 150-153 [1273b-1274b].

36 Johannes Christes: Sieben Weise, in: Der Neue Pauly 11, 2001, Sp. 526; Parker: Tyrants and Lawgivers (Anm. 20), S. 14-15.

37 Gary N. Knoppers: Moses and the Greek Lawgivers. The Triumph of the Torah in Ancient Mediterranean Perspective, in: Writing Laws in Antiquity (Beihefte zur Zeitschrift für Altorientalische und Biblische Rechtsgeschichte), hg. von Dominique Jaillard und Christophe Nihan, Wiesbaden 2017, S. 50-77.

38 Ebd. 69-71; Hubert Cancik: Theokratie und Priesterherrschaft. Die mosaische Verfassung bei Flavius Josephus, in: Theokratie (Religionstheorie und politische Theologie), hg. von Jacob Taubes, München u.a. 1987, S. 65-77; Dieter Timpe: Moses als Gesetzgeber, in: Saeculum 31.1, 1980, S. 66-77.

39 Daniele Miano: Introduction. The Historiography of Myth in Historiography, in: Myth and History in the Historiography of Early Rome, hg. von Tim Cornell u.a., Leiden und Boston 2023 (Historiography of Rome and its Empire), S. 1-12. Zum komplexen Zusammenhang von römischer Geschichtsschreibung und Mythologie vgl. Fögen: Römische Rechtsgeschichten (Anm. 22), S. 11-19.

40 Ebd., S. 21-31; Dionysios: The Roman Antiquities of Dionysius of Halicarnassus, Bd. 2, übers. von Earnest Cary, London 1961, S. 471-527 [4.64-4.85]; Titus Livius: Römische Geschichte I-III (Anm. 19), S. 165-169 [2, 5, 5-8].

41 Stefan Link: Zur archaischen Gesetzgebung in Katane und im epizephyrischen Lokroi, in: Rechtskodifizierung und soziale Normen im interkulturellen Vergleich (Script Oralia), hg. von Hans-Joachim Gehrke, Tübingen 1994, S. 165-177.

42 Das Verfassen der Tafeln wird als grundlegender Gesetzgebungsakt berichtet, bei dem die gesamte Ordnung auf dem Spiel stehe. Dabei bleibt das Verhältnis von Kodifikation und Neuschöpfung unklar. Die erhaltenen Zwölftafelgesetze behandeln gerade nicht Verfassungsrecht,

sondern regeln vornehmlich zivilrechtliche Angelegenheiten. Nicolas L.J. Meunier: The Decemvirate and the Second Secession of the Plebs (451-449 BCE). A Historiographical »fabula«, in: Myth and History in the Historiography of Early Rome (Anm. 39), 155-184; Fögen: Römische Rechtsgeschichten (Anm. 22), S. 61-84.

43 Olmo Gölz: Kollektive, in: Compendium heroicum, 5. September 2022. DOI: 10.6094/heroicum/kolld1.2.20220905.

44 Fögen: Römische Rechtsgeschichten (Anm. 39), S. 61-84; Meunier: Decemvirate (Anm. 42), S. 155-184.

45 Ebd.; Roman M. Frolov: »Privatus« or »tribunus celerum«? The Myth of Lucius Brutus and the Political Role of Private Individuals, in: Myth and History in the Historiography of Early Rome (Anm. 39), S. 122-139.

46 Paul Zanker: Die Maske des Sokrates. Das Bild des Intellektuellen in der antiken Kunst, München 1995; Gisela Marie Augusta Richter: The Portraits of the Greeks, London 1965. Auch vergleichsweise unspezifischen Porträts kam indes spezifische Bedeutung zu. So stritten im 4. Jahrhundert v. Chr. Aischines und Demosthenes anhand einer Solon-Statue in Salamis über die korrekte Haltung eines politischen Redners; aus dem 2. Jahrhundert n. Chr. überliefert Pausanias eine Lykurg-Statue in Sparta, allerdings ohne Details zu nennen; aus der römischen Kaiserzeit sind namentlich gekennzeichnete Hermen erhalten, allerdings ohne die zugehörigen Köpfe.

47 Joseph Geiger: The Project of the Parallel Lives. Plutarch's Conception of Biography, in: A Companion to Plutarch (Blackwell Companions to the Ancient World), hg. von Mark Beck, Hoboken 2014, S. 292-303; Sebastian Bauer und Philipp Brockkötter: Einleitung, in: Exemplarität und Exzeptionalität in der griechisch-römischen Antike, hg. von dens., Göttingen 2022, S. 17-24.

48 Marianne Pade: The Reception of Plutarch from Antiquity to the Italian Renaissance, in: A Companion to Plutarch (Anm. 47), S. 531-543.

49 Der Begriff ›Bürgerhumanismus‹ geht auf den deutsch-amerikanischen Historiker Hans Baron zurück. Baron sah im krisengeschüttelten Florenz um 1400 den Anfangspunkt einer säkularen Politikbetrachtung: Die Florentiner Bürgerhumanisten stellten, so deutete es Baron, den tyrannischen Visconti die Idee eines Gemeinwesens entgegen, das auf tugendorientierter Partizipation seiner Bürger gegründet war – eine Idee, die Baron zufolge erst aus der Auseinandersetzung mit antiken Vorbildern entstehen konnte. Barons Forschung lieferte entscheidende Impulse für die Forschung zum frühneuzeitlichen Republikanismus. Hans Baron: Crisis of the Early Italian Renaissance. Civic Humanism

and Republican Liberty in an Age of Classicism and Tyranny, Princeton 1966.

50 Marianne Pade: The Reception of Plutarch's »Lives« in Fifteenth-Century Italy, Kopenhagen 2007, S. 259-347 und passim; James Hankins: Filelfo and the Spartans, in: Francesco Filelfo: Man of Letters, hg. von Jeroen de Keyser, Leiden und Boston 2019, S. 81-96.

51 Niccolò Machiavelli: Il Principe. Der Fürst, hg. und übers. von Philipp Rippel, Stuttgart 1986; Niccolò Machiavelli: Discorsi. Staat und Politik, hg. von Horst Günther, übers. von Friedrich von Oppeln-Bronikowski, Frankfurt a.M. und Leipzig 2000.

52 Machiavellis späterem Kritiker Friedrich dem Großen galt Moses als jemand, der sein Volk sinnlos in die Wüste geführt habe, als Mensch im Grunde ein Versager, der bei heilsgeschichtlicher Betrachtung wiederum »nichts mit den Gesetzgebern gemein hat, die nur menschliche Weisheit geteilt haben«. – [Friedrich der Große:] Anti-Machiavel, ou Essai de Critique sur le Prince de Machiavel, Publié par M. de Voltaire, Den Haag 1740, S. 35.

53 Machiavelli: Principe (Anm. 51), S. 43 [Kap. VI]; ders.: Discorsi (Anm. 51), S. 15-19, S. 45-47, S. 200-203, S. 386-389 [I, Kap. 6 & 9, II, Kap. 8; III, Kap. 30]. Vgl. Steven Marx: Moses and Machiavellism, in: Journal of the American Academy of Religion 65.3, 1997, S. 551-571.

54 Machiavelli: Discorsi (Anm. 51), S. 298 [III, Kap. 3].

55 Machiavelli: Discorsi (Anm. 51), S. 120-126 [I, Kap. 40].

56 Machiavelli: Principe (Anm. 51), S. 199-207 [Kap. XXVI].

57 Machiavelli: Discorsi (Anm. 51), S. 20 [I, Kap. 2].

58 Machiavelli: Discorsi (Anm. 51), S. 45 [I, Kap. 9].

59 Ebd., S. 45-47.

60 Wolfgang Kersting: Der Gesetzgeber, die Religion und die Tugend. Errichtung und Erhaltung der Republik bei Machiavelli und Rousseau, in: Demaskierung der Macht. Niccolò Machiavellis Staats- und Politikverständnis, hg. von Herfried Münkler, Baden-Baden 2004, S. 121-129.

61 Wolfgang Weber: Republikanismus, in: Enzyklopädie der Neuzeit 11, 2010, Sp. 88-95.

62 Im Alten Reich war ein umfassender Verfassungswechsel seit dem Mittelalter zudem auch aufgrund der *translatio-imperii*-Lehre kaum zu denken: Das Heilige Römische Reich deutscher Nation galt als ungebrochene Fortsetzung des Römischen Reiches, das nach der Vier-Reiche-Lehre mit dem letzten der vier Weltreiche des biblischen Buches Daniel identifiziert wurde, nach dessen Erlöschen mit der Apokalypse zu rechnen sei.

63 Karl Kroeschell: Recht, in: Lexikon des Mittelalters 7, 2002, Sp. 510-513; Maissen: Geburt der Republic (Anm. 23), S. 45-46.

64 Die Peinliche Gerichtsordnung Kaiser Karls V. von 1532 (Carolina), hg. von Gustav Radbruch, Stuttgart 1960, S. 28.

65 Jean Bodin: Über den Staat, hg. und übers. von Gottfried Niedhart, Stuttgart 2011, S. 19 [I, 8, 122].

66 Ebd., S. 42 [I, 10, 221].

67 Maissen: Geburt der Republic (Anm. 23), S. 47-60; Claudia Opitz-Belakhal: Das Universum des Jean Bodin. Staatsbildung, Macht und Geschlecht im 16. Jahrhundert, Frankfurt a.M. 2006.

68 Ronald G. Asch: Adel (Frühe Neuzeit), in: Compendium heroicum, 8. Februar 2018. DOI: 10.6094/heroicum/adel-fnz.

69 Thomas Maissen: Die Schöpfung der Helvetia in der bildenden Kunst und in der Dichtung, in: Basilea. Ein Beispiel städtischer Repräsentation in weiblicher Gestalt. Skulpturhalle Basel, 23. Mai-11. November 2001, hg. von Stefan Hess und Tomas Lochman, Basel 2001, S. 84-101.

70 Peter Burke: Ludwig XIV. Die Inszenierung des Sonnenkönigs, Berlin 1993.

71 Stefano Fogelberg Rota und Andreas Hellerstedt: Heroische Tugend (Herrschertugend), in: Compendium heroicum, 26. Februar 2020. DOI: 10.6094/heroicum/hthed1.0.20200226.

72 Wolfgang Schild: Bilder von Recht und Gerechtigkeit, Köln 1995, S. 203.

73 Nedham hatte im Bürgerkrieg zunächst für die parlamentarische Seite geschrieben, nach einer königlichen Begnadigung dann seine Feder Karl I. geliehen, nur um nach dessen Hinrichtung erneut die Seiten zu wechseln. Auch Oliver Cromwell konnte sich Nedhams Loyalität nicht sicher sein. Je stärker Cromwells Stellung wurde, desto klarer wurden die Mahnung und Warnung vor der Alleinherrschaft, die Nedham mittels der antiken Gesetzgebergeschichten zur Geltung brachte. Vgl. Christine Zabel: Polis und Politesse. Der Diskurs über das antike Athen in England und Frankreich, 1630-1760, Berlin 2016, S. 100-105.

74 Marchamont Nedham: The Excellencie of a Free-State; or, the Right Constitution of a Common-Wealth, London 1656, S. 8.

75 Eich u.a.: Freiheitsheld (Anm. 18).

76 John Selden: De synedriis et prefecturis juridicis veterum Ebraeorum, 3 Bde., London 1650-1655.

77 Eric Nelson: The Hebrew Republic. Jewish Sources and the Transformation of European Political Thought, Cambridge 2011, S. 88-117.

78 Ebd., S. 23-56.

79 Ebd., S. 122-134.

80 Thomas Hobbes: Leviathan. Or the Matter, Forme and Power of a Commonwealth Ecclesiastical and Civil, hg. von Michael Oakeshott, New York u.a. 2008, S. 3 [Hervorhebungen im Original].

81 Sabine Etzold: »A Commonwealth made at once«. Der Gedanke der Gründung in James Harringtons »Oceana«, Köln 1987, S. 19-25.

82 James Harrington: The Commonwealth of Oceana, in: The Political Works of James Harrington, hg. von John G. A. Pocock, Cambridge u.a. 1977, S. 155-359, hier S. 206; vgl. Machiavelli: Discorsi (Anm. 51), S. 19-25; S. 45-47 [I, 2; I, 9].

83 Alois Riklin hat die dreißig Gesetze in die Form eines modernen Verfassungstexts in siebzig Artikeln übertragen. Alois Riklin: Machtteilung. Geschichte der Mischverfassung, Darmstadt 2006, S. 234-251.

84 Alois Riklin: Die Republik von James Harrington 1656, Bern und Wien 1999, S. 149-208.

85 Nelson: Hebrew Republic (Anm. 77), S. 111-122.

86 Sebastian Meurer: Die Abdankung Oliver Cromwells in James Harringtons »The Commonwealth of Oceana«. Konstruktion eines kontrollierten Verfassungswechsels im England des Interregnums, in: Thronverzicht. Die Abdankung in Monarchien vom Mittelalter bis in die Neuzeit, hg. von Susan Richter und Dirk Dirbach, Köln und Wien 2010, S. 175-190.

87 Harrington: Oceana (Anm. 82), S. 345-346.

88 Etzold: Commonwealth (Anm. 81), S. 25-33.

89 Harrington: Oceana (Anm. 82), S. 358-359.

90 John G. A. Pocock: The Machiavellian Moment. Florentine Political Thought and the Atlantic Republican Tradition, Princeton und Oxford 2003.

91 Justin Champion: Republican Learning. John Toland and the Crisis of Christian Culture, 1696-1722, Manchester und New York 2003, S. 93-115.

92 John J. Clarke: Oriental Enlightenment. The Encounter Between Asian and Western Thought, London 1997, S. 37-53; Lionel M. Jensen: Manufacturing Confucianism. Chinese Traditions and Universal Civilization, Durham 1997, S. 31-133.

93 Thomas Fröschl: Selbstdarstellung und Staatssymbolik in den europäischen Republiken der frühen Neuzeit an Beispielen der Architektur und bildenden Kunst, in: Republiken und Republikanismus im Europa der frühen Neuzeit, hg. von Helmut G. Koenigsberger, München 1988, S. 239-271.

94 Ebd.; Ursula Lederle: Gerechtigkeitsdarstellungen in deutschen und niederländischen Rathäusern, Philippsburg 1937, S. 47-50; Horst Bredekamp: Brutus, in: Politische Ikonographie. Ein Handbuch, Bd. 1, hg. von Uwe Fleckner u.a., München 2011, S. 186-192.

95 Fröschl: Selbstdarstellung (Anm. 93), S. 261.

96 Susan Tipton: Res publica bene ordinata. Regentenspiegel und Bilder vom guten Regiment: Rathausdekorationen in der Frühen Neuzeit, Hildesheim 1996, S. 280; S. 427-460.

97 Ebd. (Anm. 96), S. 201-218; Bernd Roeck: Rathaus und Reichsstadt, in: Stadt und Repräsentation, hg. von Bernhard Kirchgässner und Hans-Peter Becht, Sigmaringen 1995, S. 3-114.

98 Rotraud von Kulessa: Querelle des anciens et des modernes, in: Das 18. Jahrhundert. Lexikon zur Antikerezeption in Aufklärung und Klassizismus (Der Neue Pauly. Supplemente), hg. von Joachim Jacob und Johannes Süßmann, Stuttgart 2018, Sp. 737-744.

99 Charles Rollin: Histoire ancienne des Égyptiens, des Carthaginois, des Assyriens, des Babyloniens, des Mèdes et des Perses, des Grecs [...], 13 Bde., Paris 1729-1738; Temple Stanyan: The Grecian History, 2 Bde., London 1739. Die stark erweiterte Ausgabe von 1739 übertrug Denis Diderot wenig später ins Französische. In beiden Sprachen wurde sie bis in die 1780er-Jahre wiederholt aufgelegt.

100 Vgl. Jennifer Tolbert Roberts: Athens on Trial. The Antidemocratic Tradition in Western Thought, Princeton 1994, S. 156-174.

101 Charles Louis Secondat de Montesquieu: Vom Geist der Gesetze, hg. und übers. von Kurt Weigand, Stuttgart 2006, S. 399 [29. Buch, 1. Kap.].

102 Eric Nelson: The Greek Tradition in Republican Thought, Cambridge und New York 2004.

103 Tolbert Roberts: Athens (Anm. 100), S. 156-174; Elizabeth Rawson: The Spartan Tradition in European Thought, Oxford 1969, S. 220-241.

104 Edouard Pommier: Winckelmann und die Betrachtung der Antike im Frankreich der Aufklärung und der Revolution, Stendal 1991.

105 Zabel: Polis und Politesse (Anm. 73).

106 Claude Adrien Helvétius: Vom Geist, hg. und übers. von Werner Krauss, Berlin 1973, S. 290 [III, 7].

107 Ebd., S. 135 [II, 6].

108 Ebd., S. 321-322 [III, 15].

109 Ebd., S. 409, FN 238 [III, 30].

110 Ebd., S. 186 [II, 17].

111 Werner Krauss: Einleitung, in: Helvétius: Vom Geist (Anm. 106), S. 20-39; Frederick Rosen: Classical Utilitarianism from Hume to Mill, London 2003, S. 88-92.

112 Johnson Kent Wright: A Classical Republican in Eighteenth-Century France. The Political Thought of Mably, Stanford 1997, S. 40-52.

113 Zitiert nach ebd., S. 48.

114 Für seine *Gespräche Phokions* erhielt Mably den Preis der Sociéte littéraire suisse. Das Werk wurde zwölf Mal neu aufgelegt und vielfach übersetzt.

115 Gabriel Bonnot de Mably: Entretiens de Phocion, sur le rapport de la morale avec la politique (Oeuvres 10), Paris 1794/1795, S. 223-228.

116 Wright: Republican (Anm. 112), S. 70-80.

117 Jean-Jacques Rousseau: Vom Gesellschaftsvertrag oder Grundsätze des Staatsrechts, Stuttgart 2013, hg. und übers. von Hans Brockard, S. 43 [2. Buch, 7. Kap.].

118 Ebd., S. 46.

119 Ebd., S. 44.

120 Ebd., S. 46-47; Kersting: Der Gesetzgeber, die Religion und die Tugend (Anm. 60), S. 121-142.

121 Voltaire: Ueber den Geist und die Sitten der Nationen. Erster Theil, Leipzig 1867, S. 180-181 [Kapitel LIII: Gesetzgeber, die im Namen der Götter geredet].

122 Voltaire war zudem ein Bewunderer Katharinas der Großen, mit der er korrespondierte und die er für ihre Gesetzgebungsanstrengungen heroisierte. Am 26. Februar 1769 schrieb er an sie: »Lykurg und Solon hätten Euer Werk unterzeichnet, aber sie wären selbst nicht in der Lage gewesen, es umzusetzen. Es ist offen, präzise, gerecht, verbindlich und menschlich. Den Gesetzgebern gebührt der erste Platz im Tempel des Ruhms, Eroberer kommen nach ihnen.« Zitiert nach Peter Gay: Voltaire's Politics. The Poet as Realist, Princeton 1959, S. 176 [eigene Übersetzung].

123 Voltaire: Commentaire sur l'esprit des lois, in: ders.: Œuvres Complètes, Bd. 29, o. O. 1785, S. 368-369.

124 Brutus' innerer Konflikt, den Voltaire als Tragödie entwickelte, ließ sich auch philosophisch produktiv machen. In den 1740er- und 1750er-Jahren diskutierten David Hume, Helvétius und Adam Smith anhand der Brutus-Figur, inwieweit ein Spannungsverhältnis zwischen Privatinteresse und Gemeinwohlorientierung in der menschlichen Natur angelegt sei – eine entscheidende Frage für die entstehenden utilitaristischen Gesellschaftsentwürfe. Rosen: Utilitarianism (Anm. 111), S. 83-86.

125 Cecilia Feilla: The Sentimental Theater of the French Revolution, Farnham 2013, S. 163-196.

126 The Declaration of Independence. July 4, 1776, in: The American Republic (Anm. 27), S. 189-191, hier S. 189.

127 Deshalb schreckten manche vor einer solchen Selbstheroisierung zurück. Ein Beispiel liefert Bengalen, das Kerngebiet des kolonialen Britisch-Indien. Hier galt seit 1793 (und in wichtigen Teilen bis ins 20. Jahrhundert), was landläufig bald ›Cornwallis Code‹ genannt wurde. Obwohl der Code das Ergebnis systematischer Reformen war und die darin fixierte Land- und Steuerordnung nicht weniger radikal in gesellschaftliche Strukturen eingriff als die Ackergesetze der Nomotheten,

war gesetzgeberisches Pathos nicht im Sinne des namensgebenden Generalgouverneurs Charles Cornwallis: Offiziell firmierte der Code nicht als Verfassung, sondern schlicht als *Regulations of the Government of Fort William in Bengal.* Als kolonialbürokratisch-despotisches Herrschaftsinstrument entzog sich der Code rechtsstaatlichen Ansprüchen einer Rule of Law. Robert Travers: Ideology and Empire in Eighteenth-Century India. The British in Bengal, Cambridge 2007, S. 233-244.

128 Article XXXIX: Code Frédéric ou Corps de Droit pour les Etats de Sa Majesté le Roi de Prusse, fondé sur la raison & sur les Constitutions du Païs; dans lequel le Roi a disposé le Droit Romain dans un ordre naturel; retranché les Loix étrangères, aboli les subtilités du Droit Romain, & pleinement éclairci les doutes & les difficultés que la même Droit & ses Commentateurs avoient introduits dans la Procédure; établissant de cette manière un droit certain & universel [...], in: Memoires pour l'Histoire Des Sciences & des beaux Arts, Commencés d'être imprimés l'an 1701 à Trévous, & dédiés à son Altesse Sérénissime Monseigneuer le Prince Souverain de Dombes, Avril 1751, Paris 1751, S. 775-795, hier S. 777.

129 Ebd., S. 778-779.

130 La défense du code Frédéric, attaqué par les journalistes de Trevoux. Dans leurs Mémoires due mois d'Avril 1751 [o.O., o.J.], S. 14.

131 Friedrich der Große: Über den Nutzen der Künste und Wissenschaften im Staate (1772), in: Die Werke Friedrichs des Großen in deutscher Übersetzung, Bd. 8: Philosophische Schriften, hg. von Gustav Berthold Volz, übers. von Friedrich von Oppeln-Bronikowski, S. 54-61, hier S. 57.

132 Friedrich Wilhelm II.: Patent wegen Publication des neuen allgemeinen Gesetzbuchs für die Preußischen Staaten, in: Allgemeines Gesetzbuch für die Preußischen Staaten, Berlin 1791, S. III-XXII, hier S. IV.

133 [Joseph Richter:] Warum wird Kaiser Joseph von seinem Volke nicht geliebt?, Wien 1787, S. 14.

134 Friedrich Schiller: Die Gesetzgebung des Lykurgus und Solon, in: Friedrich Schiller: Sämtliche Werke, Bd. 4: Historische Schriften, hg. von Peter-André Alt, München 2004, S. 805-836, hier S. 813.

135 Ebd., S. 813.

136 Ebd., S. 818.

137 Ebd., S. 818.

138 William Blackstone: Commentaries on the Laws of England, Bd. 2, S. 409 [Buch IV, Kapitel 33].

139 Ebd., S. 409-410.

140 Adam Smith: An Inquiry into the Nature and Causes of the Wealth of Nations, Bd. 1, hg. von Edwin Cannan, London 1904, S. 395 [Book 4, Introduction]. Dazu Knud Haakonssen: The Science of a Legislator. The Natural Jurisprudence of David Hume and Adam Smith, Cambridge 1981.

141 David Hume: That Politics May Be Reduced to a Science, in: David Hume: Essays Moral, Political and Literary, hg. von Eugene F. Miller, Indianapolis 1987, S. 14-31, hier S. 24.

142 Rousseau: Gesellschaftsvertrag (Anm. 117), S. 44 [2. Buch, 7. Kapitel].

143 Auszug aus James Boswells Beschreibung von Corsica, nebst einigen wichtigen Anekdoten von Pascal Paoli, dem General der Corsen. Aus dem Englischen übersetzt von H.A.M., 2. Auflage, Augsburg 1769, S. 88.

144 Ebd., S. 93.

145 Ebd., S. 94-95.

146 Johann Wolfgang von Goethe: Hamburger Ausgabe in 14 Bänden, Bd. 10: Autobiographische Schriften II, 12. Auflage, hg. von Erich Trunz, München 2002, S. 113-114. [Dichtung und Wahrheit, 17. Buch].

147 Johann Gottfried Herder: Ideen zur Philosophie der Geschichte der Menschheit, Bd. 3, Riga und Leipzig 1787, S. 174-175 [3. Teil, 13. Buch, IV: Sitten- und Staatsweisheit der Griechen].

148 Johann Friderich LeBret: Fortsetzung der Algemeinen Welthistorie der Neuern Zeiten durch eine Gesellschaft von Gelehrten in Teutschland und Engeland ausgefertigt. Acht und zwanzigten Theils 3. Band, Halle 1787, S. 667.

149 Thomas Paine: Common Sense, in: The Writings of Thomas Paine, hg. von Moncure Daniel Conway, Bd. 1: 1774-1779, New York und London 1894, S. 67-120, hier S. 69.

150 Immanuel Kant: Über den Gemeinspruch: Das mag in der Theorie richtig sein, taugt aber nicht für die Praxis, in: Kant's Gesammelte Schriften, hg. von der Königlich Preußischen Akademie der Wissenschaften, Erste Abteilung: Werke, Bd. 8: Abhandlungen nach 1781, Neudruck, Berlin und Leipzig 1923, S. 273-313, hier S. 297.

151 Thermometre du jour 499, 13. Mai 1793, S. 363.

152 Harold Talbot Parker: The Cult of Antiquity and the French Revolutionaries. A Study in the Development of the Revolutionary Spirit, Chicago 1934, S. 146-170; Claude Mossé: L'Antiquité dans la Révolution française, Paris 1989, S. 87-131.

153 Anna Karla: Französische Revolution, in: Das 18. Jahrhundert (Anm. 98), Sp. 231-243; Andreas Gelz u.a.: Affizierungsästhetiken, in: Compendium heroicum, 18. November 2020. DOI: 10.6094/heroicum/aaed1.0.20201118.

154 Parker: The Cult of Antiquity and the French Revolutionaries (Anm. 152), S. 143-145.

155 Saint-Just, Rapport sur la police [...] 15. April 1794, zitiert nach Karla: Französische Revolution (Anm. 153), Sp. 232.

156 Parker: The Cult of Antiquity and the French Revolutionaries (Anm. 152), S. 178-179.

157 The Constitution of the United States of America. 1787, in: The American Republic (Anm. 126), S. 234-240, hier S. 234.

158 Publius [James Madison]: Federalist Nr. 38, in: The Federalist by Alexander Hamilton, James Jay and James Madison. The Gideon Edition, hg. von George W. Carey und James McClellan, Indianapolis 2001, S. 186-193, hier S. 186.

159 The Records of the Federal Convention of 1787, Bd. 1, hg. von Max Farrand, New Haven und London 1911, S. 491 [30. Juni 1787].

160 Des Ministers Freiherr von Hardenberg Denkschrift »Über die Reorganisation des Preußischen Staats, verfaßt auf höchsten Befehl Sr. Majestät des Königs«, Riga, 12. September 1807, in: Die Reorganisation des Preussischen Staates unter Stein und Hardenberg, Erster Teil: Allgemeine Verwaltungs- und Behördenreform, Band 1: Vom Beginn des Kampfes gegen die Kabinettsregierung bis zum Wiedereintritt des Ministers von Stein, hg. von Georg Winter, Leipzig 1931, S. 302-363, hier S. 306 [I. Allgemeine Gesichtspunkte].

161 Ebd., S. 320 [III. Grundverfassung des Inneren, 8. Schluß].

162 Ebd., S. 306 [1. Allgemeine Gesichtspunkte].

163 Edmund Burke: Reflections on the Revolution in France, Indianapolis 1999, S. 181.

164 Ebd., S. 275.

165 Ebd., S. 275-276.

166 Johann Wolfgang Goethe: Maximen und Reflexionen. Nach den Handschriften des Goethe- und Schiller-Archivs, hg. von Max Heckert, Weimar 1907, S. 202 [954].

167 Hegel: Vorlesungen über die Geschichte der Philosophie (Anm. 19), S. 182.

168 Georg Wilhelm Friedrich Hegel: Werke, Bd. 12: Vorlesungen über die Philosophie der Geschichte, 4. Auflage, hg. von Eva Moldenhauer und Karl Markus Michel, Frankfurt a. M. 1986, S. 374.

169 Gottfried Immanuel Wenzel: Neues vollständiges philosophisches Real-Lexicon, worin die in allen Theilen der neuern und neuesten Philosophie vorkommenden Materien und Kunstwörter erkläret, aus der Geschichte, da wo nöthig, erläutert, die Streitigkeiten der Philosophen angeführt und beurtheilt, viele Sätze derselben berichtiget, eingeschränkt, erweitert, Dunkelheiten gehoben, und neue Beyträge zum Vorrathe philosophischer Kenntnisse geliefert, wie auch höhere Pädagogik und Klugheitslehre abgehandelt werden, Bd. 2, Linz 1808, S. 363.

170 Die Verfassung Frankreichs vom 4. Juni 1814 (»Charte Constitutionelle«), in: Europäische Verfassungen 1789-1990. Textsammlung, 2. Auflage, hg. von Hinnerk Wißmann, Tübingen 2019, S. 71-81, hier S. 71; S. 73 [Präambel].

171 Charte constitutionnelle du 14 août 1830, https://www.conseil-constitutionnel.fr/les-constitutions-dans-l-histoire/charte-constitutionnelle-du-14-aout-1830 [20. Dezember 2023] [eigene Übersetzung].

172 Verfassungsurkunde für das Großherzogtum Baden vom 22. August 1818, https://www.landeskunde-baden-wuerttemberg.de/fileadmin/landeskunde/pdf/Geschichte/Demokratische_Traditionen/Badische_Verfassung_von_1818.pdf [20. Dezember 2023].

173 Marion G. Müller: Verfassung, in: Handbuch der Politischen Ikonographie, Bd. 2 (Anm. 94), S. 514-520, hier S. 514-515.

174 Rede des Abgeordneten Schwindel in der Sitzung vom 6. Dezember 1831, Protokoll Nr. CXLIV, in: Verhandlungen der zweyten Kammer der Ständeversammlung des Königreichs Bayern im Jahre 1831. Amtlich bekannt gemacht, Bd. 25, München 1831, S. 88-102, hier S. 92.

175 Ludwig Uhland: An die Volksvertreter, in: ders.: Sechs vaterländische Gedichte, Württemberg 1816, S. 10. Zur Auseinandersetzung um die Verfassung: Georg Eckert: Zeitgeist auf Ordnungssuche. Die Begründung des Königreiches Württemberg 1797-1819, Göttingen 2016.

176 Ludwig Uhland: Am 18. Oktober 1815, in: ders.: Sechs vaterländische Gedichte (Anm. 175), S. 11-13, hier S. 11-12 [Hervorhebungen im Original]. In seinem Trauerspiel *Ernst, Herzog von Schwaben* ließ Ludwig Uhland den Protagonisten kurz vor dessen Tode sagen: »Nein, wenn der Letzte fällt, ich fechte fort. / War ich sonst träge, jetzt bin ich ein Held.« – Ludwig Uhland: Ernst, Herzog von Schwaben. Trauerspiel in fünf Aufzügen, in: ders.: Werke, Bd. 1, hg. von Hans-Rüdiger Schwab, Frankfurt a.M. 1983, S. 281-342, hier S. 338.

177 DankAdresse der Bürger Württembergs an ihre verehrte Repräsentanten den 15. Mart. 1815, in: Geschichtliche Lieder und Sprüche Württembergs, hg. von Karl Steiff und Gebhard Mehring, Stuttgart 1912, S. 800.

178 Eugen von Maucler: Aus meinem Leben. Kindheit, Jugend und frühe Mannesjahre (1783-1816), in: Im Dienst des Fürstenhauses und des Landes Württemberg. Die Lebenserinnerungen der Freiherren Friedrich und Eugen von Maucler (1735-1816), hg. von Paul Sauer, Stuttgart 1985, S. 67-163, hier S. 154.

179 Karl Baedeker: Belgien und Holland nebst dem Grossherzogtum Luxemburg. Handbuch für Reisende, 19. Auflage, Leipzig 1891, S. 82-83.

180 Ebd., S. 83 [Hervorhebungen im Original].

181 Zur Heroisierung Washingtons als Paradigma auch für weitere Präsidenten: Michael Butter: Der »Washington-Code«. Zur Heroisierung amerikanischer Präsidenten, 1775-1865 (Figurationen des Heroischen), Göttingen 2016.

182 Washington, the Patriot-Mason, in: The Freemasons' Monthly Magazine 21, 1862, S. 161-167, hier S. 165.

183 Immanuel Kant: Die Metaphysik der Sitten, in: Kant's Gesammelte Schriften, hg. von der Königlich Preußischen Akademie der Wissenschaften, Erste Abteilung: Werke, Bd. 6: Die Religion innerhalb der Grenzen der bloßen Vernunft. Die Metaphysik der Sitten, Berlin 1914, S. 203-493, hier S. 335.

184 Christian Friedrich Glück: Einleitung in das Studium des römischen Privatrechts zur Berichtigung und Ergänzung des ersten Theils des Pandecten-Commentars, Erlangen 1812, S. 72 [Hervorhebungen im Original].

185 Exemplarisch für solche Erörterungen über die Intentionen eines abstrahierten Gesetzgebers: Was bedeutet der in Art. 68, 77 und 236 b Strf.-Ges.-Buch gebrauchte Ausdruck: »Hälfte des höchsten Maßes der angedrohten Strafe?«, in: Zeitschrift für Gerichtspraxis und Rechtswissenschaft in Bayern, 8.16, 1869, S. 241-244, hier S. 243-244.

186 Carl Schmitt: Legalität und Legitimität, 8. Auflage, Berlin 2012, S. 7-8.

187 Ute Daniel: Postheroische Demokratiegeschichte, Hamburg 2020, S. 47-48.

188 Der erste Beleg der einschlägigen Metapher, die jede Heroisierung von Gesetzgebern erschwert, lautet: »›Laws,‹ says that illustrious rhymer, Mr. John Godfrey Saxe, ›like sausages, cease to inspire respect in proportion as we know how they are made‹«, in: University Chronicle 3.24, 1869, S. 4, University of Michigan.

189 Interview mit Konrad Klapheck, 00:01:40, https://sammlung.staedelmuseum.de/de/werk/der-gesetzgeber [20. Dezember 2023].

190 Neues Deutschland, 9. Mai 1949, S. 1.

191 Neues Deutschland, 8. Oktober 1949, S. 1.

192 Grundgesetz für die Bundesrepublik Deutschland vom 23. Mai 1949, in: Bundesgesetzblatt 1949, Nr. 1, S. 1-20, hier S. 1.

193 Zu heroischen Kollektiven etwa: Olmo Gölz: Helden und Viele – Typologische Überlegungen zum kollektiven Sog des Heroischen. Implikationen aus der Analyse des revolutionären Iran, in: helden. heroes. héros. E-Journal zu Kulturen des Heroischen, Special Issue 7, 2019: Heroische Kollektive, S. 7-20, hier S. 12-14. DOI: 10.6094/helden.heroes.heros./2019/HK/02.

194 Thomas Jefferson an James Madison, Paris, 6. September 1789, in: Founders Online, https://founders.archives.gov/documents/Madi

son/01-12-02-0248 [20. Dezember 2023]. Der britische Autor Richard Price, der im Mutterland das Unabhängigkeitsstreben der amerikanischen Kolonien unterstützte, hatte bereits im Jahre 1776 kurz und bündig formuliert: »In every free state every man is his own Legislator« und »Government is an institution for the benefit of the people governed, which they have power to model as they please.« – Richard Price: Observations on the Nature of Civil Liberty, the Principles of Government, and the Justice and Policy of the War with America [...], in: Richard Price: Political Writings, hg. von David O. Thomas, Cambridge 1991, S. 20-75, hier S. 23-24; S. 27.

195 Warren G. Harding: Inaugural Address, 4. März 1921, https://avalon.law.yale.edu/20th_century/harding.asp [20. Dezember 2023].

196 Ronald Reagan: Inaugural Address, 20. Januar 1981, https://www.presidency.ucsb.edu/documents/inaugural-address-11 [20. Dezember 2023].

197 James A. Henretta: Magistrates, Common Law Lawyers, Legislators. The Three Legal Systems of British America, in: The Cambridge History of Law in America, Bd. 1: Early America (1580-1815), hg. von Michael Grossberg und Christopher Tomlins, New York 2008, S. 554-592, hier S. 582.

198 Hölkeskamp: Lykurg (Anm. 12), S. 318.

199 [Karl August von Wangenheim:] Die Idee der Staatsverfassung in ihrer Anwendung auf Wirtembergs alte Landesverfassung und den Entwurf zu deren Erneuerung, Frankfurt a.M. 1815, S. 76-77.

200 Ebd., S. 93.

201 Ebd., S. 107.

202 Friedrich List: Gedanken über die württembergische Staatsregierung, in: ders.: Schriften/Reden/Briefe, Bd. 1: Der Kampf um die politische und ökonomische Reform 1815-1825, Erster Teil: Staatspolitische Schriften der Frühzeit, hg. von Karl Goeser und Wilhelm von Sonntag, Berlin 1932, S. 87-148, hier S. 90.

203 Ebd., S. 94.

204 Friedrich List: Gutachten über die Errichtung einer staatswirtschaftlichen Fakultät, in: ders.: Schriften/Reden/Briefe, Bd. 1 (Anm. 202), S. 341-352, hier S. 343.

205 Ebd., S. 348.

206 Anton Friedrich Justus Thibaut: Ueber die Nothwendigkeit eines allgemeinen bürgerlichen Rechts für Deutschland, Heidelberg 1814, S. 6.

207 Ebd., S. 12.

208 Ebd., S. 6-27.

209 Ebd., S. 35.

210 Ebd., S. 37. Gemeint war hier der badische Staatsrat Johann Nikolaus Friedrich Brauer, der ein Gutachten Thibauts gegen die Übernahme des Code Civil unterdrückt hatte: Christian Hattenhauer: »... wenn mein Herz mich nicht so sehr an Kiel fesselte«. Anton Friedrich Justus Thibaut, in: 350 Jahre Rechtswissenschaftliche Fakultät der Christian-Albrecht-Universität zu Kiel, hg. von Andreas von Arnauld u.a., Tübingen 2018, S. 1-34, hier S. 19-20.

211 Friedrich Carl von Savigny: Vom Beruf unsrer Zeit für Gesetzgebung und Rechtswissenschaft, Heidelberg 1814, S. 33.

212 Ebd., S. 34.

213 Ebd., S. 49.

214 Ebd., S. 114.

215 Ebd., S. 115.

216 Georg Wilhelm Friedrich Hegel: Werke, Bd. 7: Grundlinien der Philosophie des Rechts, hg. von Eva Moldenhauer und Karl Markus Michel, Frankfurt a.M. 1986, S. 363 [§211].

217 Karl Welcker: Gesetz, in: Das Staats-Lexicon, Bd. 6 (Anm. 9), S. 466-482, hier S. 478.

218 Ebd., S. 480.

219 Ebd., S. 481.

220 Wilhelm Konrad Neubauer: Pape, Heinrich Eduard P., in: Allgemeine Deutsche Biographie, Bd. 52, Leipzig 1906, S. 750-754, hier S. 753.

221 Alois von Brinz: Maurer, Georg Ludwig v., in: Allgemeine Deutsche Biographie, Bd. 20, Leipzig 1884, S. 699-706, hier S. 701-702. Inwiefern eine solche gesetzgeberische Großtat nicht von einem noch so genialen Wissenschaftler alleine zu erwarten sei, deutete später auch die *Neue deutsche Biographie* an. Sie schrieb Maurer eine »titanische Aufgabe« zu, die also kaum gelingen konnte: Hans-Georg Mertens: Pape, Heinrich Eduard, in: Neue deutsche Biographie, Bd. 20, Berlin 2001, S. 45-46, hier S. 46.

222 Neubauer: Pape (Anm. 220), S. 753.

223 Wächter: Gesetzgebung (Anm. 9), S. 482-517, hier S. 514.

224 Zitiert nach: Tim Schanetzky: Die große Ernüchterung. Wirtschaftspolitik, Expertise und Gesellschaft in der Bundesrepublik 1966 bis 1982, Berlin 2007, S. 66.

225 Rede von Hans Schütz (CSU) in der Plenardebatte des Bundestags, 44. Sitzung, 26. Oktober 1962, in: Deutscher Bundestag, 4. Wahlperiode, 44. Sitzung, Bonn, Freitag, den 26. Oktober 1962, S. 1923-1924, hier S. 1924 [Hervorhebung im Original].

226 Otto Gnadenberger: Gegen den Schwund des Geldwertes. Bemerkungen zum Gutachten der Sachverständigen, in: Frankfurter Allgemeine Zeitung, Nr. 36, Samstag, 12. Februar 1966, S. 5.

227 Walter Slotosch: Erhard contra Rosenberg, in: Süddeutsche Zeitung, Samstag/Sonntag, 14./15. Mai 1966, S. 4.

228 Helmut Herles: Zahme Xenien und dezente Werbung. Beim ersten Auftritt seit dem Abschied von der SPD kehrt Karl Schiller den unabhängigen Professor heraus, in: Süddeutsche Zeitung, Nr. 257, Mittwoch, 8. November 1972, S. 3. Zum Pathos der Planungsambitionen, die Schiller und andere bewegten, und deren raschem Scheitern: Schanetzky: Die große Ernüchterung (Anm. 224), S. 184-203. Inwiefern gerade Ökonomen damals durchaus heroisiert wurden, thematisiert: Alexander Nützenadel: Stunde der Ökonomen. Wissenschaft, Politik und Expertenkultur in der Bundesrepublik 1949-1974, Göttingen 2005.

229 George W. Bush: A Hero of Freedom, https://www.hoover.org/research/hero-freedom [20. Dezember 2023].

230 Arnold C. Harberger: Secrets of Success. A Handful of Heroes, in: The American Economic Review 83, 1993, S. 343-350, hier S. 349. Durchaus heroisch erscheinen die Protagonisten auch im Dokumentarfilm *Chicago Boys* aus dem Jahre 2015.

231 Charles de Gaulle: Discours prononcé à Bayeux, 16. Juni 1946, in: Charles de Gaulle: Discours et messages, Bd. 2: Dans l'attente. Février 1946-Avril 1958, Paris 1970, S. 5-11, hier S. 10 [Eigene Übersetzung].

232 Charles de Gaulle. Discours prononcé Place de la République à Paris, 4. September 1958, in: Charles de Gaulle: Discours et messages, Bd. 3: Avec le renouveau. Mai 1958-Juillet 1962, Paris 1970, S. 41-45, hier S. 44 [Eigene Übersetzung].

233 République Francaise. Zum vierten Mal am Ende, in: Der Spiegel 40, 1. Oktober 1958, S. 50-56, hier S. 56.

234 Jens Daniel [Rudolf Augstein]: Der Lordprotektor, in: Der Spiegel 38, 16. September 1958, S. 17.

235 Jean-Paul Sartre: Gott ist bescheidender als der General. Charles de Gaulle und seine Verfassung, in: Der Spiegel 38, 16. September 1958, S. 44-46, hier S. 46.

236 Stanley Hoffmann: Review: De Gaulle's Memoirs: The Hero as History, in: World Politics, 13, 1960, S. 140-155, hier S. 150.

Abbildungen

Abb. 1: Screenshot von Charlton Heston als Moses, Die zehn Gebote, 1956. Regie Cecil B. DeMille, Paramount Pictures.

Abb. 2: Adolph A. Weinman: Fries an der Südwand des Courtroom im Supreme Court Building Washington, D.C., um 1930-1935, Marmor, 213,4 × 1219,2 cm.

Abb. 3: Lycurgus als Gesetzgeber, in: Vorzeit und Gegenwart. Eine historische Lese-Gabe zur Unterhaltung und Belehrung für alle Stände, Augsburg 1831.

Abb. 4: Solon im Kreis der Sieben Weisen, Bodenmosaik aus Baalbek, 3. Jahrhundert n. Chr., National Museum, Beirut.

Abb. 5: Münze aus Sparta, Römische Kaiserzeit, ca. 31-7 v. Chr., Münzstätte Sparta, 21 mm, Universität zu Köln, Historisches Institut Nomisma NDP, Abteilung für Alte Geschichte.

Abb. 6: Frontispiz von Thomas Hobbes: Leviathan, London 1651.

Abb. 7: Frontispiz von John Tolands Oceana-Ausgabe: The Oceana of James Harrington, and his Other Works [...], London 1700.

Abb. 8: Ferdinand Bol: Moses bringt den Israeliten die Gesetzestafeln, 1660-1662, Öl auf Leinwand, 423 × 284 cm, Paleis op de Dam, Amsterdam.

Abb. 9: Salomon Kleiner: Das Prächtige Rath-Hauß der Stadt Augsburg als derselben gröseste Zierde, Augsburg 1732, Blatt VI: Die Raths-Stube, Kupferstich.

Abb. 10: Jacques-Louis David: Die Liktoren bringen Brutus die Leichen seiner Söhne, 1789, Öl auf Leinwand, 323 × 422 cm, Louvre, Paris.

Abb. 11: Justitia mit Portrait von Friedrich Wilhelm II., Kupferstich von Johann Samuel Ringk nach einer Zeichnung von Rode, Allgemeines Gesetzbuch für die Preußischen Staaten, Berlin 1791.

Abb. 12: Victor Huguenin: Statue von Pasquale Paoli in Corte, datiert auf 1852, in Eisen gegossen von Eck et Durand 1853, eingeweiht am 11. Juni 1854, Korsika.

Abb. 13: Oscar Wergeland: Eidsvold 1814, 1884-1885, Öl auf Leinwand, 285 × 400 cm, Stortingets kunstsamling, Oslo.

Abb. 14: James Gillray: The French Consular Triumvirate Settling the New Constitution, 1800, handkolorierter Kupferstich, 36 × 26 cm.

Abb. 15: König Ludwig XVIII. als Gesetzgeber, Medaille, 32,5 mm, Graveur: Raymond Gayrard, 1815.

Abb. 16: Merry-Joseph Blondel: La France reçoit de Louis XVIII la Charte Constitutionelle, 1827, Öl auf Leinwand, 65 × 54,5 cm, Deckengemälde im ehemaligen Seconde salle du Conseil d'Etat, heutiger Salle de la donation Camondo, Louvre, Paris.

Abb. 17: Gedenkmünze für George Washington zum 100-jährigen Verfassungsjubiläum, 35 mm, Washington 1887.

Abb. 18: Konrad Klapheck: Der Gesetzgeber, 1969, Öl auf Leinwand, 230 × 200 cm, Städel Museum, Frankfurt a. M.

Abb. 19: Ernst Julius Hähnel: Denkmal für Karl IV. auf dem Prager Kreuzherrenplatz, 1848, Detail: Allegorie der Jurisprudenz.

Abb. 20: Erna Wagner-Hehmke: Fotografie der vier ›Mütter des Grundgesetzes‹, Parlamentarischer Rat, 1948-1949.

Abbildungsnachweise

Abb. 1: Cecil B. DeMille's Die zehn Gebote, 1956, Paramount Pictures, 2-DVD Ausgabe P450703, 2016, DVD 2, 1:22:52.

Abb. 2: Collection of the Supreme Court of the United States.

Abb. 3: Bayerische Staatsbibliothek, München. Signatur 2 H.misc. 34 m-2.

Abb. 4: Jona Lendering.

Abb. 5: Universität zu Köln, Das Digitale Münzkabinett des Historischen Instituts, Abt. Alte Geschichte, und des Instituts für Altertumskunde, Abt. Byzantinistik. Inventarnummer AG47, Objektnummer ID354.

Abb. 6, 8, 10: Wikimedia Commons.

Abb. 7: College of William & Mary, Wolf Law Library, George Wythe Collection.

Abb. 9: Renate von Walter. Das Augsburger Rathaus, Architektur und Bildgehalt. Abhandlungen zur Geschichte der Stadt Augsburg, Schriftenreihe des Stadtarchivs Augsburg, Bd. 20. 1972 Augsburg. S. 98.

Abb. 11: Rijksmuseum, Amsterdam. Inventarnummer RP-P-1911-4757.

Abb. 12: Bj.schoenmakers / Wikimedia Commons.

Abb. 13: Teigens Fotoatelier a/s / Stortinget. Inventarnummer STP. K.04779.

Abb. 14: Yale University Library, Beinecke Rare Book and Manuscript Library.

Abb. 15: Universitätsbibliothek Freiburg / Historische Sammlungen.

Abb. 16: RMN-Grand Palais (musée du Louvre) / Daniel Arnaudet.
Abb. 17: Yale University Art Gallery. Inventarnummer 2001.87.20390.
Abb. 18: bpk / Städel Museum.
Abb. 19: Georg Eckert.
Abb. 20: Bestand Erna Wagner-Hehmke, Stiftung Haus der Geschichte.
EB-Nummer: 1987/1/32.3304.

Nachbemerkung

Die Form des Essay steht in diesem Falle in performativem Widerspruch zu seinem Thema: Er sollte gerade keine Gesetze mit Ewigkeitsanspruch formulieren, sondern vielmehr genau dieses Pathos schlaglichtartig beleuchten – indem er spezifische Heroisierungen von Gesetzgebern vor allem zwischen Humanismus und Moderne erkundet und dabei die teils sogar gegenläufigen Funktionen untersucht, die einschlägige Heldenideale jeweils erfüllten. Dem Argumentationsrahmen ist geschuldet, dass die Nachweise kein kompendiales Format haben, sondern dem Leser vor allem Ansatzpunkte für weitere Lektüre liefern sollen. Deshalb werden auch die Quellen in möglichst gut greifbaren Editionen zitiert.

Die Geschichte dieses Essay begann mit einem Vortrag von Georg Eckert über »Konstitutionshelden« in der letzten Sitzung des Frühneuzeitkolloquiums von Ronald G. Asch am Historischen Seminar der Albert-Ludwigs-Universität Freiburg im Sommer 2021, der geteilte Forschungsinteressen der Autoren offenbarte. Sie fand eine Fortsetzung in einem gemeinsamen Referat im (Post-)Doc-Kolloquium des SFB 948 »Helden – Heroisierungen – Heroismen«. Herzlich danken die Autoren für alle Ermutigungen und Anregungen, die in diesen Essay eingegangen sind, insbesondere diejenigen von Elisabeth Stein (Wuppertal), Roman Köster (München), Sitta von Reden (Freiburg), Arne Karsten (Wuppertal) und Manja Herrmann (Halle). Dass aus den ursprünglichen Ideen tatsächlich ein Buch werden konnte, hat Ulrike Zimmermann mit ebenso freundlichem wie fachkundigem Engagement ermöglicht;

im anregenden Austausch mit Philipp Multhaupt ist das Manuskript in eine so schön aufbereitete Druckfassung gelangt, im Wallstein Verlag umsichtig betreut von Florian Welling. Amadeus Tkocz danken wir für sorgfältige Bildrecherchen. Wir freuen uns sehr, dass Ralf von den Hoff als Herausgeber unseren Essay in diese Reihe aufgenommen hat. Die darin niedergelegten Gedanken haben ihren Ort im Freiburger Helden-SFB: Ihm verdanken wir sowohl viel Zuspruch als auch die Muße, die es zum Lesen, Denken und Schreiben braucht.

Register

Verzeichnet werden reale und fiktive Personen unter ihrem gebräuchlichsten Namen, Monarchen zusätzlich mit dem einschlägigen Herrschaftsgebiet.

Adams, John 121
Adenauer, Konrad 148
Aeneas 21, 34, 42
Aischines 161 (Anm. 46)
Alexander der Große 60
Alfons XIII. (Spanien) 124
Alfred der Große (England) 90, 91
Altenstein, Karl vom Stein zum 105
Appius Claudius (Appius Claudius Crassus) 36, 37, 42, 51
Aristias 78
Aristogeiton 52
Aristoteles 30, 31
Astraea 50
Augstein, Rudolf 153
Augustus 8, 9

Baron, Hans 161 (Anm. 49)
Bedford, Gunning 104
Bell, Johannes 13
Bias 31
Bismarck, Otto von 127
Blackstone, William 8, 9, 90, 91
Blondel, Merry-Joseph 113-115
Bodin, Jean 47, 48, 62
Bol, Ferdinand 68, 69
Bolívar, Simón 10
Boswell, James 95
Bouré, Antoine-Félix 121
Brauer, Johann Nikolaus Friedrich 173 (Anm. 210)
Brockhaus, Carl Friedrich 16
Brooks, Mel 6
Bruni, Leonardo 40
Brutus (Lucius Iunius Brutus) 22, 23, 34, 35, 37-39, 42, 51, 60, 64, 65, 67, 82, 83, 101, 166 (Anm. 124)
Brutus (Marcus Iunius Brutus) 51
Brutus (Tiberius Iunius Brutus) 35
Brutus (Titus Iunius Brutus) 35
Bryan, Willam Jennings 8
Burke, Edmund 106, 108, 110, 141
Bush, George W. 151

Cambacérès, Jean-Jacques Régis de 106, 107
Camillus (Marcus Furius Camillus) 101
Carl I. (Baden) 114, 116
Caesar (Gaius Julius Caesar) 51, 141
Cattier, Pierre-Armand 121
Charondas von Katane 22, 31, 37, 67
Chávez, Hugo 9
Chilon 31
Christy, Howard Chandler 121
Cicero (Marcus Tullius Cicero) 38, 121
Cincinnatus (Lucius Quinctius Cincinnatus) 101

Collatinus (Lucius Tarquinius Collatinus) 35
Cornwallis, Charles 166 (Anm. 127)
Cromwell, Oliver 50, 56, 57, 60, 61, 65, 153, 163 (Anm. 73)

Dante Alighieri 41
David, Jacques-Louis 83, 102
Decemviri legibus scribundi 8, 21, 36, 37, 51
Demosthenes 101, 121, 161 (Anm. 46)
Desmoulins, Camille 101
Diderot, Denis 165 (Anm. 99)
Dionysios von Halikarnassos 34, 38
Disraeli, Benjamin 127
Drakon 7, 22, 31

Egbert (England) 90
Erastus, Thomas 52
Erhard, Ludwig 148
Europa 29

Filelfo, Francesco 41
Flavius Josephus 33, 34
Franklin, Benjamin 96, 121
Friedman, Milton 151
Friedrich I. (Württemberg) 117, 135
Friedrich II. der Große (Preußen) 76, 85, 86, 89, 110, 127, 162 (Anm. 52)
Friedrich Wilhelm (Brandenburg) 104
Friedrich Wilhelm II. (Preußen) 86, 89
Friedrich Wilhelm III. (Preußen) 104, 119

Gaulle, Charles de 12, 152-155
Georg III. (Großbritannien) 84
Gillray, James 106, 107
Glass, Carter 147
Glück, Christian Friedrich 125
Goethe, Johann Wolfgang von 95, 96, 110

Hähnel, Ernst Julius 134
Haller, Albrecht von 12
Hammurabi 128
Harberger, Arnold 151
Hardenberg, Karl August von 104, 105, 157 (Anm. 7)
Harding, Warren G. 131
Harmodios 52
Harrington, James 11, 26, 56-66, 79, 119
Hartz, Peter 147
Hegel, Georg Wilhelm Friedrich 27, 110, 142
Helvétius, Claude Adrien 74-76, 106, 166 (Anm. 124)
Herder, Johann Gottfried 26, 96, 97
Heston, Charlton 6, 7
Hipparchos 22
Hitler, Adolf 12
Hobbes, Thomas 11, 53-56
Hoffman, Stanley 154
Homer 95
Huguenin, Victor 94
Hume, David 92, 166 (Anm. 124)

Iustinian 8, 9, 23, 40, 68, 93, 137
Iustitia 50, 89

Jackson, William 121
Jahwe 32, 33, 53
Jakob VI./I. (Schottland/ England) 50
Jefferson, Thomas 7-9, 84, 121, 131

Jesebel 70
Jesus Christus 70, 71
Joseph II. (Österreich) 85, 87, 88, 98
Josua 32

Kaas, Ludwig 12
Kant, Immanuel 100, 124
Karl I. (England) 50, 61, 163 (Anm. 73)
Karl II. (England) 65
Karl IV. (Kaiser) 134
Karl V. (Kaiser) 46
Karl X. (Frankreich) 113, 115
Katharina die Große (Zarin) 166 (Anm. 122)
Klapheck, Konrad 128
Kleiner, Salomon 71
Klüpfel, Heinrich Immanuel 118
Konfuzius 8, 64-66

LeBret, Johann Friedrich 98
Lebrun, Charles-François 106, 107
Leibniz, Gottfried Wilhelm 87
Leopold I. (Belgien) 120
Leviathan 54-56
Libertas 64, 65, 67
List, Friedrich 135-137
Livingston, Robert R. 121
Livius (Titus Livius) 21, 34, 37, 38
Locke, John 7
López Otero, Modesto 124
Lucretia 34, 35, 37
Ludwig I. (Baden) 114
Ludwig Philipp I. (Frankreich) 114
Ludwig XIV. (Frankreich) 49, 56
Ludwig XVI. (Frankreich) 19, 82
Ludwig XVIII. (Frankreich) 111-115
Luther, Martin 52
Lykurg 7-9, 11, 16-21, 24-27, 31, 33, 35, 37-39, 41-45, 50, 56-60, 64, 65, 67, 68, 70-78, 80, 81, 85, 88, 97, 100, 101, 121, 123, 130, 133, 139, 155, 161 (Anm. 46)

Mably, Gabriel Bonnot de 76-78
Machiavelli, Niccolò 11, 41-44, 56, 57, 62, 162
Madison, James 103, 131
Maria Theresia (Österreich) 87
Marinas, Aniceto 124
Maucler, Eugen von 119
Maurer, Georg Ludwig von 145, 173
Maximilian I. Joseph (Bayern) 116
Milton, John 52, 53, 63, 151
Minos 29, 70, 71
Mirabeau, Honoré Gabriel de Riqueti, de 97
Montesquieu, Charles 72, 73, 81, 86
Moser, Johann Jacob 90
Moses 7-9, 11, 24, 31-33, 42, 44, 50, 52, 53, 58, 64, 65, 67-71, 88, 90, 128, 162 (Anm. 52)
Müller, Hermann 157 (Anm. 7)

Nadig, Friederike 149
Napoleon I. (Frankreich) 8, 9, 85, 98, 99, 104, 106, 107, 110, 118
Nedham, Marchamont: 51, 52, 63, 163 (Anm. 173)
Neubauer, Wilhelm Konrad 144
Nicocles 78
Numa Pompilius 34, 39, 41, 64, 65, 70, 71, 85

Olphaus Megaletor 57-62

Paine, Thomas 99
Paoli, Pasquale 93-96
Pape, Heinrich Eduard von 144, 145
Papinian (Aemilius Papinianus) 141
Patroklos 95
Paulus (Iulius Paulus) 141
Pausanias 161 (Anm. 46)
Pendleton, John 147
Periander 31
Peter der Große (Zar) 81, 85
Peter Leopold (Toskana) 98
Petrarca 41
Phokion 78
Pine, Robert Edge 102
Pittakos 31
Platon 14, 30, 78, 101
Plutarch 8, 17, 38-41, 60, 61, 67, 78, 81, 95, 101, 104
Preuß, Hugo 128
Price, Richard 172 (Anm. 194)
Publicola (Publius Valerius Publicola) 39, 60, 101
Pütter, Johann Stephan 90

Rauch, Christian Daniel 116
Reagan, Ronald 132
Redslob, Edwin 127
Remus 34
Riester, Walter 147
Rollin, Charles 71
Romulus 34, 42
Rousseau, Jean-Jacques 7, 79, 80, 93, 106, 154, 155
Rürup, Bert 147

Saint-Just, Louis Antoine de 101, 102
Salomon 22, 50, 67, 86
Sartre, Jean-Paul 154
Savigny, Friedrich Carl von 138, 140-142
Saxe, John Godfrey 171 (Anm. 188)
Schiller, Friedrich von 88, 90
Schiller, Karl 150, 174 (Anm. 228)
Schmitt, Carl 125
Schütz, Hans 148
Selbert, Elisabeth 149
Selden, John 52, 53
Sextus Tarquinius 34, 35
Sherman, John 147
Sherman, Roger 121
Sieyès, Emmanuel Joseph, Abbé de 97, 106, 107
Smith, Adam 92, 166 (Anm. 124)
Solon 7-9, 11, 16, 17, 20, 21, 24, 25, 31-33, 36-39, 42, 44, 51, 52, 60, 64, 65, 67, 70-73, 77, 85, 97, 101, 104, 152, 158 (Anm. 17), 161 (Anm. 46), 166 (Anm. 122)
Stanyan, Temple 71
Steagall, Henry B. 147
Stearns, Junius Brutus 102
Stein, Heinrich Friedrich Karl vom und zum 157 (Anm. 7)
Stresemann, Gustav 13, 157 (Anm. 7)
Struck, Peter 127

Tarquinius Superbus (Lucius Tarquinius Superbus) 34
Teleclides 60, 61
Telemachos 95
Thatcher, Margaret 147
Theseus 42
Thibaut, Friedrich Justus 138-140, 142, 173
Timoleon 60, 61
Timophanes 60
Tocqueville, Alexis de 121

Toland, John 64-66
Trumbull, John 121

Uhland, Ludwig 117, 118
Ulpian (Domitius Ulpianus) 121, 141

Vergil (Publius Vergilius Maro) 21
Verginia 36, 37
Voltaire 81-84, 106, 166 (Anm. 124)

Waldeck, Georg Friedrich Karl von 119
Wangenheim, Karl August von 135
Warren, Joseph 132
Washington, George 8, 9, 26, 96, 121-123, 131
Weber, Helene 149
Weber, Max 19, 158 (Anm. 17)
Weinman, Adolph A. 9
Welcker, Karl Theodor 14, 142-144
Wenzel, Gottfried Immanuel 112
Wergeland, Oscar 102, 103
Wessel, Helene 149
Wilhelm I. (Württemberg) 117
Wilhelm III. (England) 64-66
Winckelmann, Johann Joachim 73
Wojniakowski, Kazimierz 102
Wulle, Reinhold 157 (Anm. 8)

Zaleukos von Lokroi 35, 37, 67
Zeus 29